5520.
C066.8.

OEUVRES

COMPLÈTES

DE MOLIÈRE.

TOME HUITIÈME.

NANCY, IMPRIMERIE D'HÆNER.

OEUVRES
COMPLÈTES
DE MOLIÈRE,

AVEC

DES COMMENTAIRES HISTORIQUES ET LITTÉRAIRES,

PRÉCÉDÉES

DU TABLEAU DES MOEURS DU XVIIe SIÈCLE,

ET ORNÉES DE 33 GRAVURES.

TOME HUITIÈME.

PARIS,

J. N. BARBA,

COURS DES FONTAINES, N° 7.

1828.

LES
FEMMES SAVANTES,

COMÉDIE

EN CINQ ACTES ET EN VERS,

Représentée à Paris, sur le théâtre du Palais-Royal, le 11 mars 1672.

PERSONNAGES.

CHRYSALE, bourgeois.
PHILAMINTE, femme de Chrysale.
ARMANDE, fille de Chrysale et de Philaminte.
HENRIETTE, fille de Chrysale et de Philaminte.
ARISTE, frère de Chrysale.
BÉLISE, sœur de Chrysale.
CLITANDRE, amant d'Henriette.
TRISSOTIN, bel-esprit.
VADIUS, savant.
MARTINE, servante.
LÉPINE, valet de Chrysale.
JULIEN, valet de Vadius.
UN NOTAIRE.

La scène est à Paris, dans la maison de Chrysale.

LES FEMMES SAVANTES.

ACTE PREMIER.

SCÈNE I.
ARMANDE, HENRIETTE.

ARMANDE.

Quoi ! le beau nom de fille est un titre, ma sœur,
Dont vous voulez quitter la charmante douceur !
Et de vous marier vous osez faire fête !
Ce vulgaire dessein vous peut monter en tête !

HENRIETTE.

Oui, ma sœur.

ARMANDE.

Ah ! ce oui se peut-il supporter ?
Et sans un mal de cœur sauroit-on l'écouter ?

HENRIETTE.

Qu'a donc le mariage en soi qui vous oblige,
Ma sœur...?

ARMANDE.

Ah ! mon dieu ! fi !

HENRIETTE.

Comment !

ARMANDE.

Ah ! fi ! vous dis-je.

Ne concevez-vous point ce que, dès qu'on l'entend,
Un tel mot mot à l'esprit offre de dégoûtant,
De quelle étrange image on est par lui blessée,
Sur quelle sale vue il traîne la pensée ?
N'en frissonnez-vous point ? et pouvez-vous, ma sœur,
Aux suites de ce mot résoudre votre cœur ?

HENRIETTE.

Les suites de ce mot, quand je les envisage,
Me font voir un mari, des enfants, un ménage ;
Et je ne vois rien là, si j'en puis raisonner,
Qui blesse la pensée, et fasse frissonner.

ARMANDE.

De tels attachements, ô ciel, sont pour vous plaire !

HENRIETTE.

Et qu'est-ce qu'à mon âge on a de mieux à faire,
Que d'attacher à soi, par le titre d'époux,
Un homme qui vous aime, et soit aimé de vous ;
Et, de cette union de tendresse suivie,
Se faire les douceurs d'une innocente vie ?
Ce nœud bien assorti n'a-t-il pas des appas ?

ARMANDE.

Mon Dieu ! que votre esprit est d'un étage bas !
Que vous jouez au monde un petit personnage,
De vous claquemurer aux choses du ménage,
Et de n'entrevoir point de plaisirs plus touchants
Qu'une idole d'époux et des marmots d'enfants !
Laissez aux gens grossiers, aux personnes vulgaires,
Les bas amusements de ces sortes d'affaires.
A de plus hauts objets élevez vos désirs,

Songez à prendre un goût des plus nobles plaisirs,
Et, traitant de mépris les sens et la matière,
A l'esprit, comme nous, donnez-vous tout entière.
Vous avez notre mère en exemple à vos yeux,
Que du nom de savante on honore en tous lieux :
Tâchez, ainsi que moi, de vous montrer sa fille ;
Aspirez aux clartés qui sont dans la famille,
Et vous rendez sensible aux charmantes douceurs
Que l'amour de l'étude épanche dans les cœurs.
Loin d'être aux lois d'un homme en esclave asservie,
Mariez-vous, ma sœur, à la philosophie,
Qui nous monte au-dessus de tout le genre humain,
Et donne à la raison l'empire souverain,
Soumettant à ses lois la partie animale,
Dont l'appétit grossier aux bêtes nous ravale.
Ce sont là les beaux feux, les doux attachements
Qui doivent de la vie occuper les moments ;
Et les soins où je vois tant de femmes sensibles
Me paroissent aux yeux des pauvretés horribles.

HENRIETTE.

Le ciel, dont nous voyons que l'ordre est tout-
　　　　　　　　　　　　　　　　　　puissant,
Pour différents emplois nous fabrique en naissant ;
Et tout esprit n'est pas composé d'une étoffe
Qui se trouve taillée à faire un philosophe.
Si le vôtre est né propre aux élévations
Où montent des savants les spéculations,
Le mien est fait, ma sœur, pour aller terre à terre,
Et dans les petits soins son foible se resserre.
Ne troublons point du ciel les justes réglements ;
Et de nos deux instincts suivons les mouvements.

Habitez, par l'essor d'un grand et beau génie,
Les hautes régions de la philosophie;
Tandis que mon esprit, se tenant ici-bas,
Goûtera de l'hymen les terrestres appas.
Ainsi, dans nos desseins l'une à l'autre contraire,
Nous saurons toutes deux imiter notre mère :
Vous, du côté de l'âme et des nobles désirs;
Moi, du côté des sens et des grossiers plaisirs :
Vous, aux productions d'esprit et de lumière;
Moi, dans celles, ma sœur, qui sont de la matière.

ARMANDE.

Quand sur une personne on prétend se régler,
C'est par les beaux côtés qu'il lui faut ressembler;
Et ce n'est point du tout la prendre pour modèle,
Ma sœur, que de tousser et de cracher comme elle.

HENRIETTE.

Mais vous ne sauriez pas ce dont vous vous vantez,
Si ma mère n'eût eu que de ces beaux côtés;
Et bien vous prend, ma sœur, que son noble génie
N'ait pas vaqué toujours à la philosophie.
De grâce, souffrez-moi, par un peu de bonté,
Des bassesses à qui vous devez la clarté;
Et ne supprimez point, voulant qu'on vous seconde,
Quelque petit savant qui veut venir au monde.

ARMANDE.

Je vois que votre esprit ne peut être guéri
Du fol entêtement de vous faire un mari :
Mais sachons, s'il vous plaît, qui vous songez à
prendre :
Votre visée (*) au moins n'est pas mise à Clitandre.

(*) *Votre visée*, etc. Cette expression étoit alors de bonne compagnie.

ACTE I, SCÈNE I.

HENRIETTE.

Et par quelle raison n'y seroit-elle pas ?
Manque-t-il de mérite? Est-ce un choix qui soit bas?

ARMANDE.

Non ; mais c'est un dessein qui seroit malhonnête
Que de vouloir d'un autre enlever la conquête ;
Et ce n'est pas un fait dans le monde ignoré
Que Clitandre ait pour moi hautement soupiré.

HENRIETTE.

Oui : mais tous ces soupirs chez vous sont choses
vaines ,
Et vous ne tombez point aux bassesses humaines ;
Votre esprit à l'hymen renonce pour toujours ,
Et la philosophie a toutes vos amours.
Ainsi, n'ayant au cœur nul dessein pour Clitandre,
Que vous importe-t-il qu'on y puisse prétendre ?

ARMANDE.

Cet empire que tient la raison sur les sens
Ne fait pas renoncer aux douceurs des encens ;
Et l'on peut pour époux refuser un mérite
Que pour adorateur on veut bien à sa suite.

HENRIETTE.

Je n'ai pas empêché qu'à vos perfections
Il n'ait continué ses adorations ;
Et je n'ai fait que prendre , au refus de votre âme ,
Ce qu'est venu m'offrir l'hommage de sa flamme.

ARMANDE.

Mais à l'offre des vœux d'un amant dépité
Trouvez-vous , je vous prie , entière sûreté ?
Croyez-vous pour vos yeux sa passion bien forte,

Et qu'en son cœur pour moi toute flamme soit morte?

HENRIETTE.

Il me le dit, ma sœur; et, pour moi, je le croi.

ARMANDE.

Ne soyez pas, ma sœur, d'une si bonne foi ;
Et croyez, quand il dit qu'il me quitte et vous aime,
Qu'il n'y songe pas bien, et se trompe lui-même.

HENRIETTE.

Je ne sais ; mais enfin, si c'est votre plaisir,
Il nous est bien aisé de nous en éclaircir :
Je l'aperçois qui vient ; et, sur cette matière,
Il pourra nous donner une pleine lumière.

SCÈNE II.
CLITANDRE, ARMANDE, HENRIETTE.

HENRIETTE.

Pour me tirer d'un doute où me jette ma sœur,
Entre elle et moi, Clitandre, expliquez votre cœur;
Découvrez-en le fond, et nous daignez apprendre
Qui de nous à vos vœux est en droit de prétendre.

ARMANDE.

Non, non, je ne veux point à votre passion
Imposer la rigueur d'une explication :
Je ménage les gens, et sais comme embarrasse
Le contraignant effort de ces aveux en face.

CLITANDRE.

Non, madame, mon cœur, qui dissimule peu,
Ne sent nulle contrainte à faire un libre aveu.

Dans aucun embarras un tel pas ne me jette ;
Et j'avoûrai tout haut, d'une âme franche et nette,
Que les tendres liens où je suis arrêté,
                    (Montrant Henriette.)
Mon amour et mes vœux, sont tous de ce côté.
Qu'à nulle émotion cet aveu ne vous porte ;
Vous avez bien voulu les choses de la sorte.
Vos attraits m'avoient pris ; et mes tendres soupirs
Vous ont assez prouvé l'ardeur de mes désirs ;
Mon cœur vous consacroit une flamme immortelle :
Mais vos yeux n'ont pas cru leur conquête assez belle.
J'ai souffert sous leur joug cent mépris différents ;
Ils régnoient sur mon âme en superbes tyrans ;
Et je me suis cherché, lassé de tant de peines,
Des vainqueurs plus humains et de moins rudes chaînes.
                    (Montrant Henriette.)
Je les ai rencontrés, madame, dans ces yeux,
Et leurs traits à jamais me seront précieux ;
D'un regard pitoyable (*) ils ont séché mes larmes,
Et n'ont pas dédaigné le rebut de vos charmes.
De si rares bontés m'ont si bien su toucher,
Qu'il n'est rien qui me puisse à mes fers arracher :
Et j'ose maintenant vous conjurer, madame,
De ne vouloir tenter nul effort sur ma flamme,
De ne point essayer à rappeler un cœur
Résolu de mourir dans cette douce ardeur.

ARMANDE.

Hé ! qui vous dit, monsieur, que l'on ait cette envie,

(*) Autrefois on employoit *pitoyable* pour *compatissant*.

Et que de vous enfin si fort on se soucie?
Je vous trouve plaisant de vous le figurer,
Et bien impertinent de me le déclarer.

HENRIETTE.

Hé! doucement, ma sœur. Où donc est la morale
Qui sait si bien régir la partie animale,
Et retenir la bride aux efforts du courroux?

ARMANDE.

Mais vous, qui m'en parlez, où la pratiquez-vous,
De répondre à l'amour que l'on vous fait paroître
Sans le congé (*) de ceux qui vous ont donné l'être?
Sachez que le devoir vous soumet à leurs lois,
Qu'il ne vous est permis d'aimer que par leur choix;
Qu'ils ont sur votre cœur l'autorité suprême,
Et qu'il est criminel d'en disposer vous-même.

HENRIETTE.

Je rends grâce aux bontés que vous me faites voir
De m'enseigner si bien les choses du devoir.
Mon cœur sur vos leçons veut régler sa conduite;
Et pour vous faire voir, ma sœur, que j'en profite,
Clitandre, prenez soin d'appuyer votre amour
De l'agrément de ceux dont j'ai reçu le jour.
Faites-vous sur mes vœux un pouvoir légitime,
Et me donnez moyen de vous aimer sans crime.

CLITANDRE.

J'y vais de tous mes soins travailler hautement;
Et j'attendois de vous ce doux consentement.

ARMANDE.

Vous triomphez, ma sœur, et faites une mine
A vous imaginer que cela me chagrine.

(*) *Congé* vouloit dire alors *permission.*

ACTE I, SCÈNE II.

HENRIETTE.

Moi, ma sœur? point du tout. Je sais que sur vos sens
Les droits de la raison sont toujours tout-puissants,
Et que, par les leçons qu'on prend dans la sagesse,
Vous êtes au-dessus d'une telle foiblesse.
Loin de vous soupçonner d'aucun chagrin, je croi
Qu'ici vous daignerez vous employer pour moi,
Appuyer sa demande, et de votre suffrage,
Presser l'heureux moment de votre mariage.
Je vous en sollicite; et, pour y travailler...

ARMANDE.

Votre petit esprit se mêle de railler,
Et d'un cœur qu'on vous jette on vous voit toute
fière.

HENRIETTE.

Tout jeté qu'est ce cœur, il ne vous déplaît guère;
Et si vos yeux sur moi le pouvoient ramasser,
Ils prendroient aisément le soin de se baisser.

ARMANDE.

A répondre à cela je ne daigne descendre;
Et ce sont sots discours qu'il ne faut pas entendre.

HENRIETTE.

C'est fort bien fait à vous; et vous nous faites voir
Des modérations qu'on ne peut concevoir.

SCÈNE III.

CLITANDRE, HENRIETTE.

HENRIETTE.

Votre sincère aveu ne l'a pas peu surprise.

CLITANDRE.

Elle mérite assez une telle franchise;
Et toutes les hauteurs de sa folle fierté
Sont dignes, tout au moins, de ma sincérité.
Mais puisqu'il m'est permis, je vais à votre père,
Madame...

HENRIETTE.

   Le plus sûr est de gagner ma mère.
Mon père est d'une humeur à consentir à tout;
Mais il met peu de poids aux choses qu'il résout:
Il a reçu du ciel certaine bonté d'âme
Qui le soumet d'abord à ce que veut sa femme.
C'est elle qui gouverne; et, d'un ton absolu,
Elle dicte pour loi ce qu'elle a résolu.
Je voudrois bien vous voir pour elle et pour ma tante
Une âme, je l'avoue, un peu plus complaisante,
Un esprit qui, flattant les visions du leur,
Vous pût de leur estime attirer la chaleur.

CLITANDRE.

Mon cœur n'a jamais pu, tant il est né sincère,
Même dans votre sœur, flatter leur caractère;
Et les femmes docteurs ne sont point de mon goût.
Je consens qu'une femme ait des clartés (*) de tout:
Mais je ne lui veux point la passion choquante
De se rendre savante afin d'être savante;
Et j'aime que souvent, aux questions qu'on fait,
Elle sache ignorer les choses qu'elle sait:
De son étude enfin je veux qu'elle se cache,

(*) *Clartés* s'employoit alors pour *lumières*. C'étoit une expression noble et de bonne compagnie.

Et qu'elle ait du savoir sans vouloir qu'on le sache,
Sans citer les auteurs, sans dire de grands mots,
Et clouer de l'esprit à ses moindres propos.
Je respecte beaucoup madame votre mère ;
Mais je ne puis du tout approuver sa chimère,
Et me rendre l'écho des choses qu'elle dit,
Aux encens qu'elle donne à son héros d'esprit.
Son monsieur Trissotin me chagrine, m'assomme;
Et j'enrage de voir qu'elle estime un tel homme,
Qu'elle nous mette au rang des grands et beaux
    esprits
Un benêt dont partout on siffle les écrits,
Un pédant dont on voit la plume libérale
D'officieux papiers fournir toute la halle.

HENRIETTE.

Ses écrits, ses discours, tout m'en semble ennuyeux,
Et je me trouve assez votre goût et vos yeux.
Mais, comme sur ma mère il a grande puissance,
Vous devez vous forcer à quelque complaisance.
Un amant fait sa cour où s'attache son cœur,
Il veut de tout le monde y gagner la faveur ;
Et, pour n'avoir personne à sa flamme contraire,
Jusqu'au chien du logis il s'efforce de plaire.

CLITANDRE.

Oui, vous avez raison; mais monsieur Trissotin
M'inspire au fond de l'âme un dominant chagrin.
Je ne puis consentir, pour gagner ses suffrages,
A me déshonorer en prisant ses ouvrages;
C'est par eux qu'à mes yeux il a d'abord paru,
Et je le connoissois avant que l'avoir vu.

Je vis, dans le fatras des écrits qu'ils nous donne,
Ce qu'étale en tous lieux sa pédante personne,
La constante hauteur de sa présomption,
Cette intrépidité de bonne opinion,
Cet indolent état de confiance extrême
Qui le rend en tout temps si content de soi-même,
Qui fait qu'à son mérite incessamment il rit,
Qu'il se sait si bon gré de tout ce qu'il écrit,
Et qu'il ne voudroit pas changer sa renommée
Contre tous les honneurs d'un général d'armée.

HENRIETTE.

C'est avoir de bons yeux que de voir tout cela.

CLITANDRE.

Jusques à sa figure encor la chose alla,
Et je vis, par les vers qu'à la tête il nous jette,
De quel air il falloit que fût fait le poëte ;
Et j'en avois si bien deviné tous les traits,
Que, rencontrant un homme un jour dans le palais,
Je gageai que c'étoit Trissotin en personne,
Et je vis qu'en effet la gageure étoit bonne.

HENRIETTE.

Quel conte !

CLITANDRE.

Non, je dis la chose comme elle est.
Mais je vois votre tante : agréez, s'il vous plaît,
Que mon cœur lui déclare ici notre mystère,
Et gagne sa faveur auprès de votre mère.

SCÈNE IV.
BÉLISE, CLITANDRE.

CLITANDRE.

SOUFFREZ, pour vous parler, madame, qu'un amant

Prenne l'occasion de cet heureux moment,
Et se découvre à vous de la sincère flamme...

BÉLISE.

Ah ! tout beau. Gardez-vous de m'ouvrir trop votre âme.
Si je vous ai su mettre au rang de mes amants,
Contentez-vous des yeux pour vos seuls truchements;
Et ne m'expliquez point par un autre langage
Des désirs qui, chez moi, passent pour un outrage.
Aimez-moi, soupirez, brûlez pour mes appas ;
Mais qu'il me soit permis de ne le savoir pas.
Je puis fermer les yeux sur vos flammes secrètes,
Tant que vous vous tiendrez aux muets interprètes ;
Mais si la bouche vient à s'en vouloir mêler,
Pour jamais de ma vue il vous faut exiler.

CLITANDRE.

Des projets de mon cœur ne prenez point d'alarme.
Henriette, madame, est l'objet qui me charme ;
Et je viens ardemment conjurer vos bontés
De seconder l'amour que j'ai pour ses beautés.

BÉLISE.

Ah ! certes, le détour est d'esprit, je l'avoue :
Ce subtil faux-fuyant mérite qu'on le loue :
Et, dans tous les romans où j'ai jeté les yeux,
Je n'ai rien rencontré de plus ingénieux.

CLITANDRE.

Ceci n'est point du tout un trait d'esprit, madame ;
Et c'est un pur aveu de ce que j'ai dans l'âme.
Les cieux, par les liens d'une immuable ardeur,
Aux beautés d'Henriette ont attaché mon cœur;

Henriette me tient sous son aimable empire,
Et l'hymen d'Henriette est le bien où j'aspire.
Vous y pouvez beaucoup; et tout ce que veux,
C'est que vous y daigniez favoriser mes vœux.

BÉLISE.

Je vois où doucement veut aller la demande,
Et je sais sous ce nom ce qu'il faut que j'entende.
La figure est adroite; et, pour n'en point sortir,
Aux choses que mon cœur m'offre à vous repartir,
Je dirai qu'Henriette à l'hymen est rebelle,
Et que, sans rien prétendre, il faut brûler pour elle.

CLITANDRE.

Hé! madame, à quoi bon un pareil embarras?
Et pourquoi voulez-vous penser ce qui n'est pas?

BÉLISE.

Mon Dieu! point de façons. Cessez de vous défendre
De ce que vos regards m'ont souvent fait entendre.
Il suffit que l'on est contente du détour
Dont s'est adroitement avisé votre amour,
Et que, sous la figure où le respect l'engage,
On veut bien se résoudre à souffrir son hommage,
Pourvu que ses transports par l'honneur éclairés,
N'offrent à mes autels que des vœux épurés.

CLITANDRE.

Mais...

BÉLISE.

Adieu. Pour ce coup, ceci doit vous suffire;
Et je vous ai plus dit que je ne voulois dire.

CLITANDRE.

Mais votre erreur...

BÉLISE.
Laissez. Je rougis maintenant ;
Et ma pudeur s'est fait un effort surprenant.
CLITANDRE.
Je veux être pendu, si je vous aime ; et sage...
BÉLISE.
Non, non, je ne veux rien entendre davantage.

SCÈNE V.
CLITANDRE.

Diantre soit de la folle avec ses visions !
A-t-on rien vu d'égal à ses préventions ?
Allons commettre un autre au soin que l'on me donne,
Et prenons le secours d'une sage personne.

FIN DU PREMIER ACTE.

ACTE SECOND.

SCÈNE I.

ARISTE, QUITTANT CLITANDRE, ET LUI PARLANT ENCORE.

Oui, je vous porterai la réponse au plus tôt :
J'appuîrai, presserai, ferai tout ce qu'il faut.
Qu'un amant pour un mot a de choses à dire !
Et qu'impatiemment il veut ce qu'il désire !
Jamais...

SCÈNE II.
CHRYSALE, ARISTE.

ARISTE.
Ah ! Dieu vous gard', mon frère !

CHRYSALE.
Et vous aussi,
Mon frère !

ARISTE.
Savez-vous ce qui m'amène ici ?

CHRYSALE.
Non ; mais, si vous voulez, je suis prêt à l'apprendre.

ARISTE.
Depuis assez long-temps vous connoissez Clitandre ?

CHRYSALE.
Sans doute, et je le vois qui fréquente chez nous.

ARISTE.
En quelle estime est-il, mon frère, auprès de vous?
CHRYSALE.
D'homme d'honneur, d'esprit, de cœur et de conduite ;
Et je vois peu de gens qui soient de son mérite.
ARISTE.
Certain désir qu'il a conduit ici mes pas ;
Et je me réjouis que vous en fassiez cas.
CHRYSALE.
Je connus feu son père en mon voyage à Rome.
ARISTE.
Fort bien.
CHRYSALE.
C'étoit, mon frère, un fort bon gentilhomme.
ARISTE.
On le dit.
CHRYSALE.
Nous n'avions alors que vingt-huit ans,
Et nous étions, ma foi, tous deux de verts galants.
ARISTE.
Je le crois.
CHRYSALE.
Nous donnions chez les dames romaines ;
Et tout le monde, là, parloit de nos fredaines ;
Nous faisions des jaloux.
ARISTE.
Voilà qui va des mieux.
Mais venons au sujet qui m'amène en ces lieux.

SCÈNE III.

BÉLISE, ENTRANT DOUCEMENT, ET ÉCOUTANT; CHRYSALE, ARISTE.

ARISTE.

Clitandre auprès de vous me fait son interprète,
Et son cœur est épris des grâces d'Henriette.

CHRYSALE.

Quoi ! de ma fille !

ARISTE.

Oui : Clitandre en est charmé ;
Et je ne vis jamais amant plus enflammé.

BÉLISE, à Ariste.

Non, non, je vous entends. Vous ignorez l'histoire ;
Et l'affaire n'est pas ce que vous pouvez croire.

ARISTE.

Comment, ma sœur ?

BÉLISE.

Clitandre abuse vos esprits,
Et c'est d'un autre objet que son cœur est épris.

ARISTE.

Vous raillez. Ce n'est pas Henriette qu'il aime?

BÉLISE.

Non, j'en suis assurée.

ARISTE.

Il me l'a dit lui-même.

BÉLISE.

Hé, oui !

ARISTE.

Vous me voyez, ma sœur, chargé par lui
D'en faire la demande à son père aujourd'hui.

ACTE II, SCÈNE III.

BÉLISE.

Fort bien !

ARISTE.

Et son amour même m'a fait instance
De presser les moments d'une telle alliance.

BÉLISE.

Encor mieux. On ne peut tromper plus galamment.
Henriette, entre nous, est un amusement,
Un voile ingénieux, un prétexte, mon frère,
A couvrir d'autres feux dont je sais le mystère ;
Et je veux bien tous deux vous mettre hors d'erreur.

ARISTE.

Mais, puisque vous savez tant de choses, ma sœur,
Dites-nous, s'il vous plaît, cet autre objet qu'il aime.

BÉLISE.

Vous le voulez savoir ?

ARISTE.

Oui. Quoi ?

BÉLISE.

Moi.

ARISTE.

Vous ?

BÉLISE.

Moi-même.

ARISTE.

Hai, ma sœur !

BÉLISE.

Qu'est-ce donc que veut dire ce hai?
Et qu'a de surprenant le discours que je fai ?
On est faite d'un air, je pense, à pouvoir dire
Qu'on n'a pas pour un cœur soumis à son empire;

Et Dorante, Damis, Cléonte et Lycidas,
Peuvent bien faire voir qu'on a quelques appas.
####### ARISTE.
Ces gens vous aiment?
####### BÉLISE.
Oui, de toute leur puissance.
####### ARISTE.
Ils vous l'on dit?
####### BÉLISE.
Aucun n'a pris cette licence;
Ils m'ont su révérer si fort jusqu'à ce jour,
Qu'ils ne m'ont jamais dit un mot de leur amour.
Mais, pour m'offrir leur cœur et vouer leur service,
Les muets truchemeuts ont tous fait leur office.
####### ARISTE.
On ne voit presque point céans venir Damis.
####### BÉLISE.
C'est pour me faire voir un respect plus soumis.
####### ARISTE.
De mots piquants partout Dorante vous outrage.
####### BÉLISE.
Ce sont emportements d'une jalouse rage.
####### ARISTE.
Cléonte et Lycidas ont pris femme tous deux.
####### BÉLISE.
C'est par un désespoir où j'ai réduit leurs feux.
####### ARISTE.
Me foi, ma chère sœur, vision toute claire.
####### CHRYSALE, à Bélise.
De ces chimères-là vous devez vous défaire.

BÉLISE.

Ah! chimères! Ce sont des chimères, dit-on.
Chimères, moi! Vraiment, chimères est fort bon!
Je me réjouis fort de chimères, mes frères;
Et je ne savois pas que j'eusse des chimères.

SCÈNE IV.

CHRYSALE, ARISTE.

CRHYSALE.

Notre sœur est folle, oui.

ARISTE.

Cela croît tous les jours.
Mais, encore une fois, reprenons le discours.
Clitandre vous demande Henriette pour femme;
Voyez quelle réponse on doit faire à sa flamme.

CHRYSALE.

Faut-il le demander? J'y consens de bon cœur,
Et tiens son alliance à singulier honneur.

ARISTE.

Vous savez que de biens il n'a pas l'abondance,
Que...

CHRYSALE.

C'est un intérêt qui n'est pas d'importance;
Il est riche en vertu, cela vaut des trésors:
Et puis, son père et moi n'étions qu'un en deux corps.

ARISTE.

Parlons à votre femme, et voyons à la rendre
Favorable...

CHRYSALE.

Il suffit, je l'accepte pour gendre.

ARISTE.

Oui ; mais pour appuyer votre consentement,
Mon frère, il n'est pas mal d'avoir son agrément.
Allons...

CHRYSALE.

Vous moquez-vous ? il n'est pas nécessaire.
Je réponds de ma femme, et prends sur moi l'affaire.

ARISTE.

Mais...

CHRYSALE.

Laissez faire, dis-je, et n'appréhendez pas.
Je la vais disposer aux choses, de ce pas.

ARISTE.

Soit. Je vais là-dessus sonder votre Henriette,
Et reviendrai savoir...

CHRYSALE.

C'est une affaire faite ;
Et je vais à ma femme en parler sans délai.

SCÈNE V.
CHRYSALE, MARTINE.

MARTINE.

Me voilà bien chanceus ! Hélas ! l'on dit bien vrai,
Qui veut noyer son chien l'accuse de la rage ;
Et service d'autrui n'est pas un héritage.

CHRYSALE.

Qu'est-ce donc ? Qu'avez-vous, Martine ?

MARTINE.

Ce que j'ai !

CHRYSALE.

Oui.

ACTE II, SCÈNE V.

MARTINE.

J'ai que l'an me donne aujourd'hui mon congé, Monsieur.

CHRYSALE.

Votre congé ?

MARTINE.

Oui. Madame me chasse.

CHRYSALE.

Je n'entends pas cela. Comment ?

MARTINE.

On me menace,
Si je ne sors d'ici, de me bailler cent coups.

CHRYSALE.

Non, vous demeurerez ; je suis content de vous.
Ma femme bien souvent a la tête un peu chaude ;
Et je ne veux pas, moi...

SCÈNE VI.

PHILAMINTE, BÉLISE, CHRYSALE, MARTINE.

PHILAMINTE, apercevant Martine.

Quoi ! je vous vois, maraude !
Vite, sortez, friponne ; allons, quittez ces lieux ;
Et ne vous présentez jamais devant mes yeux.

CHRYSALE.

Tout doux.

PHILAMINTE.

Non, c'en est fait.

CHRYSALE.

Hé !

PHILAMINTE.
>Je veux qu'elle sorte.

CHRYSALE.
Mais qu'a-t-elle commis, pour vouloir de la sorte...?

PHILAMINTE.
Quoi ! vous la soutenez ?

CHRYSALE.
>En aucune façon.

PHILAMINTE.
Prenez-vous son parti contre moi ?

CHRYSALE.
>Mon Dieu ! non :
Je ne fais seulement que demander son crime.

PHILAMINTE.
Suis-je pour la chasser sans cause légitime ?

CHRYSALE.
Je ne dis pas cela ; mais il faut de nos gens...

PHILAMINTE.
Non, elle sortira, vous dis-je, de céans.

CHRYSALE.
Hé bien ! oui. Vous dit-on quelque chose là contre ?

PHILAMINTE.
Je ne veux point d'obstacle aux désirs que je montre.

CHRYSALE.
D'accord.

PHILAMINTE.
>Et vous devez, en raisonnable époux,
Être pour moi contre elle, et prendre mon courroux.

ACTE II, SCÈNE VI.

CHRYSALE.
(Se tournant vers Martine.)
Aussi fais-je. Oui, ma femme avec raison vous chasse,
Coquine ; et votre crime est indigne de grâce.

MARTINE.
Qu'est-ce donc que j'ai fait ?

CHRYSALE, bas.
Ma foi, je ne sais pas.

PHILAMINTE.
Elle est d'humeur encore à n'en faire aucun cas.

CHRYSALE.
A-t-elle, pour donner matière à votre haine,
Cassé quelque miroir, ou quelque porcelaine ?

PHILAMINTE.
Voudrois-je la chasser, et vous figurez-vous
Que pour si peu de chose on se mette en courroux ?

CHRYSALE, à Martine.
(A Philaminte.)
Qu'est-ce à dire ? L'affaire est donc considérable ?

PHILAMINTE.
Sans doute. Me voit-on femme déraisonnable ?

CHRYSALE.
Est-ce qu'elle a laissé, d'un esprit négligent,
Dérober quelque aiguière ou quelque plat d'argent?

PHILAMINTE.
Cela ne seroit rien.

CHRYSALE, à Martine.
Oh ! oh ! Peste, la belle !
(A Philaminte.)
Quoi ! l'avez-vous surprise à n'être pas fidèle ?

PHILAMINTE.

C'est pis que tout cela.

CHRYSALE.

Pis que tout cela?

PHILAMINTE.

Pis.

CHRYSALE, à Martine.

(A Philaminte.)

Comment! diantre, friponne! Euh! a-t-elle commis...?

PHILAMINTE.

Elle a, d'une insolence à nulle autre pareille,
Après trente leçons, insulté mon oreille
Par l'impropriété d'un mot sauvage et bas
Qu'en termes décisifs condamne Vaugelas.

CHRYSALE.

Est-ce là...?

PHILAMINTE.

Quoi! toujours, malgré nos remontrances,
Heurter le fondement de toutes les sciences,
La grammaire, qui sait régenter jusqu'aux rois,
Et les fait, la main haute, obéir, à ses lois!

CHRYSALE.

Du plus grand des forfaits je la croyois coupable.

PHILAMINTE.

Quoi! vous ne trouvez pas ce crime impardonnable?

CHRYSALE.

Si fait.

PHILAMINTE.

Je voudrois bien que vous l'excusassiez!

CHRYSALE.

Je n'ai garde.

BÉLISE.
Il est vrai que ce sont des pitiés :
Toute construction est par elle détruite ;
Et des lois du langage on l'a cent fois instruite.

MARTINE.
Tout ce que vous prêchez est, je crois, bel et bon ;
Mais je ne saurois, moi, perler votre jargon.

PHILAMINTE.
L'impudente ! Appeler un jargon le langage
Fondé sur la raison et sur le bel usage !

MARTINE.
Quand on se fait entendre, on parle toujours bien,
Et tous vos biaux dictons ne servent pas de rien.

PHILAMINTE.
Hé bien ! ne voilà pas encore de son style ?
Ne servent pas de rien !

BÉLISE.
O cervelle indocile !
Faut-il qu'avec les soins qu'on prend incessamment
On ne te puisse apprendre à parler congrument !
De *pas* mis avec *rien* tu fais la récidive ;
Et c'est, comme on t'a dit, trop d'une négative.

MARTINE.
Mon Dieu ! je n'avons pas étugué comme vous,
Et je parlons tout droit comme on parle cheux nous.

PHILAMINTE.
Ah ! peut-on y tenir ?

BÉLISE.
Quel solécisme horrible !

PHILAMINTE.
En voilà pour tuer une oreille sensible.

BÉLISE.

Ton esprit, je l'avoue, est bien matériel :
Je n'est qu'un singulier, *avons* est pluriel.
Veux-tu toute ta vie offenser la grammaire ?

MARTINE.

Qui parle d'offenser grand'mère ni grand'père ?

PHILAMINTE.

O ciel !

BÉLISE.

Grammaire est prise à contre-sens par toi ;
Et je t'ai dit déjà d'où vient ce mot.

MARTINE.

Ma foi !
Qu'il vienne de Chaillot, d'Auteuil, ou de Pontoise,
Cela ne me fait rien.

BÉLISE.

Quelle âme villageoise !
La grammaire, du verbe et du nominatif,
Comme de l'adjectif avec le substantif,
Nous enseigne les lois.

MARTINE.

J'ai, madame, à vous dire
Que je ne connois point ces gens-là.

PHILAMINTE.

Quel martyre !

BÉLISE.

Ce sont les noms des mots ; et l'on doit regarder
En quoi c'est qu'il les faut faire ensemble accorder.

MARTINE.

Qu'ils s'accordent entre eux, ou se gourment,
qu'importe ?

ACTE II, SCÈNE VI.

PHILAMINTE, à Bélise.

Hé! mon Dieu, finissez un discours de la sorte.
(A Chrysale.)
Vous ne voulez pas, vous, me la faire sortir?

CHRYSALE.
(A part.)
Si fait. A son caprice il me faut consentir.
Va, ne l'irrite point, retire-toi, Martine.

PHILAMINTE.

Comment! vous avez peur d'offenser la coquine!
Vous lui parlez d'un ton tout-à-fait obligeant!

CHRYSALE.
(D'un ton ferme.)   (D'un ton plus doux.)
Moi? point. Allons, sortez. Va-t'en, ma pauvre
enfant.

SCÈNE VII.

PHILAMINTE, CHRYSALE, BÉLISE.

CHRYSALE.

Vous êtes satisfaite, et la voilà partie :
Mais je n'approuve point une telle sortie ;
C'est une fille propre aux choses qu'elle fait,
Et vous me la chassez pour un maigre sujet.

PHILAMINTE.

Vous voulez que toujours je l'aie à mon service,
Pour mettre incessamment mon oreille au supplice,
Pour rompre toute loi d'usage et de raison
Par un barbare amas de vices d'oraison,
De mots estropiés, cousus, par intervalles,
De proverbes traînés dans les ruisseaux des halles?

BÉLISE.

Il est vrai que l'on sue à souffrir ses discours,
Elle y met Vaugelas en pièces tous les jours;
Et les moindres défauts de ce grossier génie
Sont ou le pléonasme, ou la cacophonie.

CHRYSALE.

Qu'importe qu'elle manque aux lois de Vaugelas,
Pourvu qu'à la cuisine elle ne manque pas?
J'aime bien mieux, pour moi, qu'en épluchant ses herbes
Elle accommode mal les noms avec les verbes,
Et redise cent fois un bas ou méchant mot
Que de brûler ma viande, ou saler trop mon pot:
Je vis de bonne soupe, et non de beau langage.
Vaugelas n'apprend point à bien faire un potage;
Et Malherbe et Balzac, si savants en beaux mots,
En cuisine peut-être auroient été des sots.

PHILAMINTE.

Que ce discours grossier terriblement assomme!
Et quelle indignité, pour ce qui s'appelle homme,
D'être baissé sans cesse aux soins matériels,
Au lieu de se hausser vers les spirituels!
Le corps, cette guenille, est-il d'une importance,
D'un prix à mériter seulement qu'on y pense?
Et ne devons-nous pas laisser cela bien loin?

CHRYSALE.

Oui, mon corps est moi-même, et j'en veux prendre soin.
Guenille, si l'on veut; ma guenille m'est chère.

BÉLISE.

Le corps avec l'esprit fait figure, mon frère :
Mais, si vous en croyez tout le monde savant,
L'esprit doit sur le corps prendre le pas devant ;
Et notre plus grand soin, notre première instance,
Doit être à le nourrir du suc de la science.

CHRYSALE.

Ma foi, si vous songez à nourrir votre esprit,
C'est de viande bien creuse, à ce que chacun dit ;
Et vous n'avez nul soin, nulle sollicitude
Pour...

PHILAMINTE.

Ah ! *Sollicitude* à mon oreille est rude ;
Il pue étrangement son ancienneté.

BÉLISE.

Il est vrai que le mot est bien *collet monté*.

CHRYSALE.

Voulez-vous que je dise ? Il faut qu'enfin j'éclate.
Que je lève le masque, et décharge ma rate.
De folles on vous traite, et j'ai fort sur le cœur...

PHILAMINTE.

Comment donc !

CHRYSALE, à Bélise.

C'est à vous que je parle, ma sœur.
Le moindre solécisme en parlant vous irrite ;
Mais vous en faites, vous, d'étranges en conduite.
Vos livres éternels ne me contentent pas ;
Et, hors un gros Plutarque à mettre mes rabats,
Vous devriez brûler tout ce meuble inutile,
Et laisser la science aux docteurs de la ville ;

M'ôter, pour faire bien, du grenier de céans
Cette longue lunette à faire peur aux gens,
Et cent brimborions dont l'aspect importune ;
Ne point aller chercher ce qu'on fait dans la lune,
Et vous mêler un peu de ce qu'on fait chez vous,
Où nous voyons aller tout sens dessus dessous.
Il n'est pas bien honnête, et pour beaucoup de causes,
Qu'une femme étudie et sache tant de choses.
Former aux bonnes mœurs l'esprit de ses enfants,
Faire aller son ménage, avoir l'œil sur ses gens,
Et régler la dépense avec économie,
Doit être son étude et sa philosophie.
Nos pères, sur ce point, étoient gens bien sensés,
Qui disoient qu'une femme en sait toujours assez,
Quand la capacité de son esprit se hausse
A connoître un pourpoint d'avec un haut-de-chausse.
Les leurs ne lisoient point, mais elles vivoient bien ;
Leurs ménages étoient tout leur docte entretien ;
Et leurs livres, un dé, du fil, et des aiguilles,
Dont elles travailloient au trousseau de leurs filles.
Les femmes d'à présent sont bien loin de ces mœurs :
Elles veulent écrire, et devenir auteurs ;
Nulle science n'est pour elles trop profonde ;
Et céans beaucoup plus qu'en aucun lieu du monde ;
Les secrets les plus hauts s'y laissent concevoir,
Et l'on sait tout chez moi, hors ce qu'il faut savoir.
On y sait comme vont lune, étoile polaire,
Vénus, Saturne, et Mars, dont je n'ai point affaire ;
Et dans ce vain savoir, qu'on va chercher si loin,
On ne sait comme va mon pot, dont j'ai besoin.

Mes gens à la science aspirent pour vous plaire,
Et tous ne font rien moins que ce qu'ils ont à faire;
Raisonner est l'emploi de toute ma maison;
Et le raisonnement en bannit la raison.
L'un me brûle mon rôt en lisant quelque histoire,
L'autre rêve à des vers quand je demande à boire;
Enfin je vois par eux votre exemple suivi;
Et j'ai des serviteurs, et ne suis point servi.
Une pauvre servante, au moins, m'étoit restée,
Qui de ce mauvais air n'étoit point infectée;
Et voilà qu'on la chasse avec un grand fracas,
A cause qu'elle manque à parler Vaugelas!
Je vous le dis, ma sœur, tout ce train-là me blesse:
Car c'est, comme j'ai dit, à vous que je m'adresse.
Je n'aime point céans tous vos gens à latin,
Et principalement ce monsieur Trissotin:
C'est lui qui, dans des vers, vous a tympanisées;
Tous les propos qu'il tient sont des billevesées:
On cherche ce qu'il dit après qu'il a parlé;
Et je lui crois, pour moi, le timbre un peu fêlé.

PHILAMINTE.
Quelle bassesse, ô ciel! et d'âme et de langage!

DÉLISE.
Est-il de petit corps un plus lourd assemblage,
Un esprit composé d'atômes plus bourgeois?
Et de ce même sang se peut-il que je sois!
Je me veux mal de mort d'être de votre race;
Et, de confusion, j'abandonne la place.

SCÈNE VIII.

PHILAMINTE, CHRYSALE.

PHILAMINTE.

Avez-vous à lâcher encore quelque trait?

CHRYSALE.

Moi? non. Ne parlons plus de querelles, c'est fait.
Discourons d'autre affaire. A votre fille aînée
On voit quelques dégoûts pour les nœuds d'hyménée,
C'est une philosophe enfin ; je n'en dis rien,
Elle est bien gouvernée, et vous faites fort bien :
Mais de tout autre humeur se trouve sa cadette ;
Et je crois qu'il est bon de pourvoir Henriette,
De choisir un mari...

PHILAMINTE.

C'est à quoi j'ai songé.
Et je veux vous ouvrir l'intention que j'ai.
Ce monsieur Trissotin dont on nous fait un crime,
Et qui n'a pas l'honneur d'être dans votre estime,
Est celui que je prends pour l'époux qu'il lui faut ;
Et je sais mieux que vous juger de ce qu'il vaut.
La contestation est ici superflue ;
Et de tout point, chez moi, l'affaire est résolue.
Au moins ne dites mot du choix de cet époux ;
Je veux à votre fille en parler avant vous.
J'ai des raisons à faire approuver ma conduite ;
Et je connoîtrai bien si vous l'avez instruite.

SCÈNE IX.
ARISTE, CHRYSALE.

ARISTE.

Hé bien ? la femme sort, mon frère, et je vois bien
Que vous venez d'avoir ensemble un entretien.

CHRYSALE.

Oui.

ARISTE.

Quel est le succès ? Aurons-nous Henriette ?
A-t-elle consenti ? l'affaire est-elle faite ?

CHRYSALE.

Pas tout-à-fait encor.

ARISTE.

Refuse-t-elle ?

CHRYSALE.

Non.

ARISTE.

Est-ce qu'elle balance ?

CHRYSALE.

En aucune façon.

ARISTE.

Quoi donc ?

CHRYSALE.

C'est que pour gendre elle m'offre un autre homme.

ARISTE.

Un autre homme pour gendre ?

CHRYSALE.

Un autre.

ARISTE.

Qui se nomme ?

CHRYSALE.

Monsieur Trissotin.

ARISTE.

Quoi ! ce monsieur Trissotin...

CHRYSALE.

Oui, qui parle toujours de vers et de latin.

ARISTE.

Vous l'avez accepté ?

CHRYSALE.

Moi ! point. A Dieu ne plaise !

ARISTE.

Qu'avez-vous répondu ?

CHRYSALE.

Rien ; et je suis bien aise
De n'avoir point parlé, pour ne m'engager pas.

ARISTE.

La raison est fort belle; et c'est faire un grand pas !
Avez-vous su du moins lui proposer Clitandre ?

CHRYSALE.

Non; car comme j'ai vu qu'on parloit d'autre gendre,
J'ai cru qu'il étoit mieux de ne m'avancer point.

ARISTE.

Certes, votre prudence est rare au dernier point !
N'avez-vous point de honte, avec votre mollesse ?
Et se peut-il qu'un homme ait assez de foiblesse
Pour laisser à sa femme un pouvoir absolu,
Et n'oser attaquer ce qu'elle a résolu ?

CHRYSALE.

Mon Dieu ! vous en parlez, mon frère, bien à l'aise,
Et vous ne savez pas comme le bruit me pèse.

J'aime fort le repos, la paix et la douceur;
Et ma femme est terrible avecque son humeur.
Du nom de philosophe elle fait grand mystère (*),
Mais elle n'en est pas pour cela moins colère;
Et sa morale, faite à mépriser le bien,
Sur l'aigreur de sa bile opère comme rien.
Pour peu que l'on s'oppose à ce que veut sa tête,
On en a pour huit jours d'effroyable tempête.
Elle me fait trembler dès qu'elle prend son ton;
Je ne sais où me mettre, et c'est un vrai dragon;
Et cependant, avec toute sa diablerie,
Il faut que je l'appelle et mon cœur et ma mie.

ARISTE.

Allez, c'est se moquer. Votre femme, entre nous,
Est, par vos lâchetés, souveraine sur vous.
Son pouvoir n'est fondé que sur votre foiblesse;
C'est de vous qu'elle prend le titre de maîtresse;
Vous-même à ses hauteurs vous vous abandonnez,
Et vous faites mener, en bête, par le nez.
Quoi ! vous ne pouvez pas, voyant comme on vous nomme,
Vous résoudre une fois à vouloir être un homme,
A faire condescendre une femme à vos vœux,
Et prendre assez de cœur pour dire un Je le veux ?
Vous laisserez sans honte immoler votre fille
Aux folles visions qui tiennent la famille,
Et de tout votre bien revêtir un nigaud
Pour six mots de latin qu'il leur fait sonner haut;

(*) *Faire mystère* vouloit dire alors, mais dans la conversation seulement, donner une grande importance aux choses. Molière emploie souvent cette expression dans ce sens.

Un pédant qu'à tout coup votre femme apostrophe
Du nom de bel esprit et de grand philosophe,
D'homme qu'en vers galants jamais on n'égala,
Et qui n'est, comme on sait, rien moins que tout cela?
Allez, encore un coup, c'est une moquerie,
Et votre lâcheté mérite qu'on en rie.

CHRYSALE.

Oui, vous avez raison, et je vois que j'ai tort.
Allons, il faut enfin montrer un cœur plus fort,
Mon frère.

ARISTE.

C'est bien dit.

CHRYSALE.

C'est une chose infâme
Que d'être si soumis au pouvoir d'une femme.

ARISTE.

Fort bien.

CHRYSALE.

De ma douceur elle a trop profité.

ARISTE.

Il est vrai.

CHRYSALE.

Trop joui de ma facilité.

ARISTE.

Sans doute.

CHRYSALE.

Et je lui veux faire aujourd'hui connoître
Que ma fille est ma fille, et que j'en suis le maître,
Pour lui prendre un mari qui soit selon mes vœux.

ARISTE.

Vous voilà raisonnable, et comme je vous veux.

ACTE II, SCÈNE IX.

CHRYSALE.

Vous êtes pour Clitandre, et savez sa demeure;
Faites-le-moi venir, mon frère, tout à l'heure.

ARISTE.

J'y cours tout de ce pas.

CHRYSALE.

C'est souffrir trop long-temps;
Et je m'en vais être homme, à la barbe des gens.

FIN DU SECOND ACTE.

ACTE TROISIÈME.

SCÈNE I.

PHILAMINTE, ARMANDE, BÉLISE, TRISSOTIN, LÉPINE.

PHILAMINTE.

Ah ! mettons-nous ici pour écouter à l'aise
Ces vers que mot à mot il est besoin qu'on pèse.

ARMANDE.

Je brûle de les voir.

BÉLISE.

Et l'on s'en meurt chez nous.

PHILAMINTE, à Trissotin.

Ce sont charmes pour moi que ce qui part de vous.

ARMANDE.

Ce m'est une douceur à nulle autre pareille.

BÉLISE.

Ce sont repas friands qu'on donne à mon oreille.

PHILAMINTE.

Ne faites point languir de si pressants désirs.

ARMANDE.

Dépêchez.

BÉLISE.

Faites tôt, et hâtez nos plaisirs.

PHILAMINTE.

A notre impatience offrez votre épigramme.

TRISSOTIN, à Philaminte.

Hélas ! c'est un enfant tout nouveau-né, madame.
Son sort assurément a lieu de vous toucher;
Et c'est dans votre cour que j'en viens d'accoucher.

PHILAMINTE.

Pour me le rendre cher, il suffit de son père.

TRISSOTIN.

Votre approbation lui peut servir de mère.

BÉLISE.

Qu'il a d'esprit !

SCÈNE II.

HENRIETTE, PHILAMINTE, BÉLISE, ARMANDE, TRISSOTIN, LÉPINE.

PHILAMINTE, à Henriette, qui veut se retirer.

Hola. Pourquoi donc fuyez-vous ?

HENRIETTE.

C'est de peur de troubler un entretien si doux.

PHILAMINTE.

Approchez, et venez, de toutes vos oreilles,
Prendre part au plaisir d'entendre des merveilles.

HENRIETTE.

Je sais peu les beautés de tout ce qu'on écrit,
Et ce n'est pas mon fait que les choses d'esprit.

PHILAMINTE.

Il n'importe. Aussi-bien ai-je à vous dire ensuite
Un secret dont il faut que vous soyez instruite.

TRISSOTIN, à Henriette.

Les sciences n'ont rien qui vous puisse enflammer,
Et vous ne vous piquez que de savoir charmer.

HENRIETTE.

Aussi peu l'un que l'autre, et je n'ai nulle envie...

BÉLISE.

Ah! songeons à l'enfant nouveau-né, je vous prie.

PHILAMINTE, à Lépine.

Allons, petit garçon, vite, de quoi s'asseoir.
(Lépine se laisse tomber.)
Voyez l'impertinent! Est-ce que l'on doit choir
Après avoir appris l'équilibre des choses?

BÉLISE.

De ta chute, ignorant, ne vois-tu pas les causes,
Et qu'elle vient d'avoir du point fixe écarté
Ce que nous appelons centre de gravité?

LÉPINE.

Je m'en suis aperçu, madame, étant par terre.

PHILAMINTE, à Lépine, qui sort.

Le lourdaud!

TRISSOTIN.

Bien lui prend de n'être pas de verre.

ARMANDE.

Ah! de l'esprit partout!

BÉLISE.

Cela ne tarit pas.
(Ils s'asseyent.)

PHILAMINTE.

Servez-nous promptement votre aimable repas.

TRISSOTIN.

Pour cette grande faim qu'à mes yeux on expose,

Un plat seul de huit vers me semble peu de chose ;
Et je pense qu'ici je ne ferai pas mal
De joindre à l'épigramme, ou bien au madrigal,
Le ragoût d'un sonnet qui, chez une princesse,
A passé pour avoir quelque délicatesse.
Il est de sel attique assaisonné partout ;
Et vous le trouverez, je crois, d'assez bon goût.

ARMANDE.

Ah ! je n'en doute point.

PHILAMINTE.

Donnons vite audience.

BÉLISE, interrompant Trissotin chaque fois qu'il se dispose à lire.

Je sens d'aise mon cœur tressaillir par avance.
J'aime la poésie avec entêtement ;
Et surtout quand les vers sont tournés galamment.

PHILAMINTE.

Si nous parlons toujours, il ne pourra rien dire.

TRISSOTIN.

So...

BÉLISE, à Henriette.

Silence, ma nièce.

ARMANDE.

Ah ! laissez-le donc lire.

TRISSOTIN.

Sonnet à la princesse Uranie, sur sa fièvre.

Votre prudence est endormie
De traiter magnifiquement
Et de loger superbement
Votre plus cruelle ennemie.

BÉLISE.

Ah ! le joli début !

ARMANDE.

Qu'il a le tour galant !

PHILAMINTE.

Lui seul des vers aisés possède le talent.

ARMANDE.

A *prudence endormie* il faut rendre les armes.

BÉLISE.

Loger son ennemie est pour moi plein de charmes.

PHILAMINTE.

J'aime *superbement* et *magnifiquement* ;
Ces deux adverbes joints font admirablement.

BÉLISE.

Prêtons l'oreille au reste.

TRISSOTIN.

Votre prudence est endormie
De traiter magnifiquement
Et de loger superbement
Votre plus cruelle ennemie.

ARMANDE.

Prudence endormie !

BÉLISE.

Loger son ennemie !

PHILAMINTE.

Superbement et *magnifiquement !*

TRISSOTIN.

Faites-la sortir, quoi qu'on die,
De votre riche appartement,
Où cette ingrate insolemment
Attaque votre belle vie.

BÉLISE.

Ah ! tout doux ; laissez-moi, de grâce, respirer.

ARMANDE.

Donnez-nous, s'il vous plaît, le loisir d'admirer.

ACTE III, SCÈNE II.

PHILAMINTE.

On se sent, à ces vers, jusques au fond de l'âme
Couler je ne sais quoi qui fait que l'on se pâme.

ARMANDE.

« Faites-la sortir, quoi qu'on die,
» De votre riche appartement. »
Que *riche appartement* est là joliment dit !
Et que la métaphore est mise avec esprit !

PHILAMINTE.

« Faites-la sortir, quoi qu'on die. »
Ah ! que ce *quoi qu'on die* est d'un goût admirable !
C'est à mon sentiment un endroit impayable.

ARMANDE.

De *quoi qu'on die* aussi mon cœur est amoureux.

BÉLISE.

Je suis de votre avis, *quoi qu'on die* est heureux.

ARMANDE.

Je voudrois l'avoir fait.

BÉLISE.

Il vaut toute une pièce.

PHILAMINTE.

Mais en comprend-on bien, comme moi, la finesse ?

ARMANDE ET BÉLISE.

Oh ! oh !

PHILAMINTE.

« Faites-la sortir, quoi qu'on die. »
Que de la fièvre on prenne ici les intérêts ;
N'ayez aucun égard, moquez-vous des caquets,

« Faites-la sortir, quoi qu'on die,
» Quoi qu'on die, quoi qu'on die. »
Ce *quoi qu'on die* en dit beaucoup plus qu'il ne semble.
Je ne sais pas, pour moi, si chacun me ressemble.
Mais j'entends là-dessous un million de mots.

BÉLISE.

Il est vrai qu'il dit plus de choses qu'il n'est gros.

PHILAMINTE, à Trissotin.

Mais quand vous avez fait ce charmant *quoi qu'on die*,
Avez-vous compris, vous, toute son énergie ?
Songiez-vous bien vous-même à tout ce qu'il nous dit ?
Et pensiez-vous alors y mettre tant d'esprit ?

TRISSOTIN.

Hai ! hai !

ARMANDE.

J'ai fort aussi l'*ingrate* dans la tête,
Cette ingrate de fièvre, injuste, malhonnête,
Qui traite mal les gens qui la logent chez eux.

PHILAMINTE.

Enfin les quatrains sont admirables tous deux.
Venons-en promptement aux tercets, je vous prie.

ARMANDE.

Ah ! s'il vous plait, encore une fois *quoi qu'on die*.

TRISSOTIN.

Faites-la sortir, quoi qu'on die...

PHILAMINTE, ARMANDE, ET BÉLISE.

Quoi qu'on die !

TRISSOTIN.

De votre riche appartement...

ACTE III, SCÈNE II.

PHILAMINTE, ARMANDE, ET BÉLISE.

Riche appartement !

TRISSOTIN.

Où cette ingrate insolemment...

PHILAMINTE, ARMANDE, ET BÉLISE.

Cette *ingrate* de fièvre.

TRISSOTIN.

Attaque votre belle vie.

PHILAMINTE.

Votre belle vie !

ARMANDE ET BÉLISE.

Ah !

TRISSOTIN.

Quoi ! sans respecter votre rang,
Elle se prend à votre sang...

PHILAMINTE, ARMANDE, ET BÉLISE.

Ah !

TRISSOTIN.

Et nuit et jour vous fait outrage !
Si vous la conduisez aux bains,
Sans la marchander davantage,
Noyez-la de vos propres mains.

PHILAMINTE.

On n'en peut plus.

BÉLISE.

On pâme.

ARMANDE.

On se meurt de plaisir.

PHILAMINTE.

De mille doux frissons vous vous sentez saisir.

ARMANDE.

« Si vous la conduisez aux bains, »

BÉLISE.

» Sans la marchander davantage, »

PHILAMINTE.

» Noyez-la de vos propres mains. »
De vos propres mains, là, noyez-la dans les bains.

ARMANDE.

Chaque pas dans vos vers rencontre un trait charmant.

BÉLISE.

Partout on s'y promène avec ravissement.

PHILAMINTE.

On n'y sauroit marcher que sur de belles choses.

ARMANDE.

Ce sont petits chemins tout parsemés de roses.

TRISSOTIN.

Le sonnet dont vous semble...

PHILAMINTE.

Admirable, nouveau;
Et personne jamais n'a rien fait de si beau.

BÉLISE, à Henriette.

Quoi! sans émotion pendant cette lecture!
Vous faites-là, ma nièce, une étrange figure.

HENRIETTE.

Chacun fait ici-bas la figure qu'il peut,
Ma tante; et bel esprit, il ne l'est pas qui veut.

TRISSOTIN.

Peut-être que mes vers importunent madame.

HENRIETTE.

Point. Je n'écoute pas.

PHILAMINTE.

Ah! voyons l'épigramme.

ACTE III, SCÈNE II.

TRISSOTIN.

Sur un carrosse de couleur amarante donné à une dame de ses amies.

PHILAMINTE.

Ses titres ont toujours quelque chose de rare.

ARMANDE.

A cent beaux traits d'esprit leur nouveauté prépare.

TRISSOTIN.

L'amour si chèrement m'a vendu son lien,

PHILAMINTE, ARMANDE, ET BÉLISE.

Ah!

TRISSOTIN.

Qu'il m'en coûte déjà la moitié de mon bien;
Et, quand tu vois ce beau carrosse,
Où tant d'or se relève en bosse,
Qu'il étonne tout le pays,
Et fait pompeusement triompher ma Laïs...

PHILAMINTE.

Ah! *ma Laïs!* Voilà de l'érudition.

BÉLISE.

L'enveloppe est jolie, et vaut un million.

TRISSOTIN.

Et, quand tu vois ce beau carrosse,
Où tant d'or se relève en bosse,
Qu'il étonne tout le pays,
Et fait pompeusement triompher ma Laïs;
Ne dis plus qu'il est amarante,
Dis plutôt qu'il est de ma rente.

ARMANDE.

Oh! oh! oh! celui-là ne s'attend point du tout.

PHILAMINTE.

On n'a que lui qui puisse écrire de ce goût.

BÉLISE.

« Ne dis plus qu'il est amarante,
» Dis plutôt qu'il est de ma rente. »
Voilà qui se décline, *ma rente*, *de ma rente*, *à
ma rente*.

PHILAMINTE.

Je ne sais, du moment que je vous ai connu,
Si sur votre sujet j'eus l'esprit prévenu;
Mais j'admire partout vos vers et votre prose.

TRISSOTIN, à Philaminte.

Si vous vouliez de vous nous montrer quelque chose,
A notre tour aussi nous pourrions admirer.

PHILAMINTE.

Je n'ai rien fait en vers; mais j'ai lieu d'espérer
Que je pourrai bientôt vous montrer en amie
Huit chapitres du plan de notre académie.
Platon s'est au projet simplement arrêté,
Quand de sa république il a fait le traité;
Mais à l'effet entier je veux pousser l'idée
Que j'ai sur le papier en prose accommodée :
Car enfin je me sens un étrange dépit
Du tort que l'on nous fait du côté de l'esprit;
Et je veux nous venger, toutes tant que nous sommes,
De cette indigne classe où nous rangent les hommes,
De borner nos talents à des futilités,
Et nous fermer la porte aux sublimes clartés.

ARMANDE.

C'est faire à notre sexe une trop grande offense,
De n'étendre l'effort de notre intelligence
Qu'à juger d'une jupe, ou de l'air d'un manteau,
Ou des beautés d'un point, ou d'un brocart nouveau.

BÉLISE.

Il faut se relever de ce honteux partage,
Et mettre hautement notre esprit hors de page (*).

TRISSOTIN.

Pour les dames on sait mon respect en tous lieux ;
Et si je rends hommage aux brillants de leurs yeux,
De leur esprit aussi j'honore les lumières.

PHILAMINTE.

Le sexe aussi vous rend justice en ces matières :
Mais nous voulons montrer à de certains esprits
Dont l'orgueilleux savoir nous traite avec mépris,
Que de science aussi les femmes sont meublées ;
Qu'on peut faire comme eux de doctes assemblées,
Conduites en cela par des ordres meilleurs ;
Qu'on y veut réunir ce qu'on sépare ailleurs,
Mêler le beau langage et les hautes sciences,
Découvrir la nature en mille expériences,
Et, sur les questions qu'on pourra proposer,
Faire entrer chaque secte, et n'en point épouser.

TRISSOTIN.

Je m'attache pour l'ordre au péripatétisme.

PHILAMINTE.

Pour les abstractions j'aime la platonisme.

ARMANDE.

Épicure me plaît, et ses dogmes sont forts.

BÉLISE.

Je m'accommode assez, pour moi, des petits corps ;
Mais le vide à souffrir me semble difficile,
Et je goûte bien mieux la matière subtile.

(*) Expression proverbiale tirée d'un usage de la cour relatif aux pages ; elle signifie *sortir de tutelle*.

TRISSOTIN.

Descartes, pour l'aimant, donne fort dans mon sens.

ARMANDE.

J'aime ses tourbillons.

PHILAMINTE.

Moi, ses mondes tombants.

ARMANDE.

Il me tarde de voir notre assemblée ouverte,
Et de nous signaler par quelque découverte.

TRISSOTIN.

On en attend beaucoup de vos vives clartés,
Et pour vous la nature a peu d'obscurités.

PHILAMINTE.

Pour moi, sans me flatter, j'en ai déjà fait une,
Et j'ai vu clairement des hommes dans la lune.

BÉLISE.

Je n'ai point encor vu d'hommes, comme je crois ;
Mais j'ai vu des clochers tout comme je vous vois.

ARMANDE.

Nous approfondirons, ainsi que la physique,
Grammaire, histoire, vers, morale, et politique.

PHILAMINTE.

La morale a des traits dont mon cœur est épris,
Et c'étoit autrefois l'amour des grands esprits :
Mais aux stoïciens je donne l'avantage,
Et je ne trouve rien de si beau que leur sage.

ARMANDE.

Pour la langue, on verra dans peu nos règlements,
Et nous y prétendons faire des remûments.

Par une antiphatie, ou juste, ou naturelle,
Nous avons pris chacune une haine mortelle
Pour un nombre de mots, soit ou verbes, ou noms,
Que mutuellement nous nous abandonnons :
Contre eux nous préparons de mortelles sentences,
Et nous devons ouvrir nos doctes conférences
Par les proscriptions de tous ces mots divers
Dont nous voulons purger et la prose et les vers.

PHILAMINTE.

Mais le plus beau projet de notre académie,
Une entreprise noble, et dont je suis ravie,
Un dessein plein de gloire et qui sera vanté
Chez tous les beaux esprits de la postérité,
C'est le retranchement de ces syllabes sales
Qui dans les plus beaux mots produisent des scandales,
Ces jouets éternels des sots de tous les temps,
Ces fades lieux communs de nos méchants plaisants,
Ces sources d'un amas d'équivoques infâmes
Dont on vient faire insulte à la pudeur des femmes.

TRISSOTIN.

Voilà certainement d'admirables projets.

BÉLISE.

Vous verrez nos statuts quand ils seront tous faits.

TRISSOTIN.

Ils ne sauroient manquer d'être tous beaux et sages.

ARMANDE.

Nous serons par nos lois les juges des ouvrages ;
Par nos lois, prose et vers, tout nous sera soumis :
Nul n'aura de l'esprit, hors nous et nos amis.
Nous chercherons partout à trouver à redire,
Et ne verrons que nous qui sachent bien écrire.

SCÈNE III.

PHILAMINTE, BÉLISE, ARMANDE, HENRIETTE, TRISSOTIN, LÉPINE.

LÉPINE, à Trissotin.

Monsieur, un homme est là qui veut parler à vous ;
Il est vêtu de noir, et parle d'un ton doux.

(Ils se lèvent.)

TRISSOTIN.

C'est cet ami savant qui m'a fait tant d'instance
De lui donner l'honneur de votre connoissance.

PHILAMINTE.

Pour le faire venir vous avez tout crédit.

(Trissotin va au-devant de Vadius.)

SCÈNE IV.

PHILAMINTE, BÉLISE, ARMANDE, HENRIETTE.

PHILAMINTE, à Armande et à Bélise.

Faisons bien les honneurs au moins de notre esprit.

(A Henriette qui veut sortir.)

Holà ! je vous ai dit en paroles bien claires,
Que j'ai besoin de vous.

HENRIETTE.

    Mais pour quelles affaires ?

PHILAMINTE.

Venez ; on va dans peu vous les faire savoir.

SCÈNE V.

TRISSOTIN, VADIUS, PHILAMINTE, BÉLISE, ARMANDE, HENRIETTE.

TRISSOTIN, présentant Vadius.

Voici l'homme qui meurt du désir de vous voir ;
En vous le produisant je ne crains point le blâme
D'avoir admis chez vous un profane, madame.
Il peut tenir son coin parmi de beaux esprits.

PHILAMINTE.

La main qui le présente en dit assez le prix.

TRISSOTIN.

Il a des vieux auteurs la pleine intelligence,
Et sait du grec, madame, autant qu'homme de France.

PHILAMINTE, à Bélise.

Du grec ! ô ciel ! du grec ! il sait du grec, ma sœur !

BÉLISE, à Armande.

Ah ! ma nièce, du grec !

ARMANDE.

Du grec ! quelle douceur !

PHILAMINTE.

Quoi ! monsieur sait du grec ? Ah ! permettez de grâce,
Que, pour l'amour du grec, monsieur, on vous embrasse.

(Vadius embrasse aussi Bélise et Armande.)

HENRIETTE, à Vadius, qui veut aussi l'embrasser.

Excusez-moi, monsieur, je n'entends pas le grec.

(Ils s'asseyent.)

PHILAMINTE.
J'ai pour les livres grecs un merveilleux respect.
VADIUS.
Je crains d'être fâcheux par l'ardeur qui m'engage
A vous rendre aujourd'hui, madame, mon hommage;
Et j'aurai pu troubler quelque docte entretien.
PHILAMINTE.
Monsieur, avec du grec on ne peut gâter rien.
TRISSOTIN.
Au reste, il fait merveille en vers ainsi qu'en prose,
Et pourroit, s'il vouloit, vous montrer quelque chose.
VADIUS.
Le défaut des auteurs dans leurs productions,
C'est d'en tyranniser les conversations,
D'être au palais, au cours, aux ruelles, aux tables,
De leurs vers fatigants lecteurs infatigables.
Pour moi, je ne vois rien de plus sot à mon sens
Qu'un auteur qui partout va gueuser des encens,
Qui, des premiers venus saisissant les oreilles,
En fait le plus souvent les martyrs de ses veilles.
On ne m'a jamais vu ce fol entêtement;
Et d'un Grec là-dessus je suis le sentiment,
Qui, par un dogme exprès défend à tous ses sages
L'indigne empressement de lire leurs ouvrages.
Voici de petits vers pour de jeunes amants,
Sur quoi je voudrois bien avoir vos sentiments.
TRISSOTIN.
Vos vers ont des beautés que n'ont point tous les
autres.

VADIUS.
Les Grâces et Vénus règnent dans tous les vôtres.

TRISSOTIN.

Vous avez le tour libre et le beau choix des mots.

VADIUS.

On voit partout chez vous l'*ithos* et le *pathos*.

TRISSOTIN.

Nous avons vu de vous des églogues d'un style
Qui passe en doux attraits Théocrite et Virgile.

VADIUS.

Vos odes ont un air noble, galant et doux,
Qui laisse de bien loin votre Horace après vous.

TRISSOTIN.

Est-il rien d'amoureux comme vos chansonnettes ?

VADIUS.

Peut-on voir rien d'égal aux sonnets que vous faites ?

TRISSOTIN.

Rien qui soit plus charmant que vos petits rondeaux ?

VADIUS.

Rien de si plein d'esprit que tous vos madrigaux ?

TRISSOTIN.

Aux ballades surtout vous êtes admirable.

VADIUS.

Et dans les bouts rimés je vous trouve adorable.

TRISSOTIN.

Si la France pouvoit connoître votre prix,

VADIUS.

Si le siècle rendoit justice aux beaux esprits,

TRISSOTIN.

En carrosse doré vous iriez par les rues.

VADIUS.
On verroit le public vous dresser des statues.
(A Trissotin.)
Hom ! c'est une ballade, et je veux que tout net
Vous m'en...
TRISSOTIN, à Vadius.
Avez-vous vu certain petit sonnet
Sur la fièvre qui tient la princesse Uranie?
VADIUS.
Oui. Hier il me fut lu dans une compagnie.
TRISSOTIN.
Vous en savez l'auteur ?
VADIUS.
Non; mais je sais fort bien
Qu'à ne le point flatter, son sonnet ne vaut rien.
TRISSOTIN.
Beaucoup de gens pourtant le trouvent admirable.
VADIUS.
Cela n'empêche pas qu'il ne soit misérable;
Et si vous l'avez vu, vous serez de mon goût.
TRISSOTIN.
Je sais que là-dessus je n'en suis point du tout,
Et que d'un tel sonnet peu de gens sont capables.
VADIUS.
Me préserve le ciel d'en faire de semblables !
TRISSOTIN.
Je soutiens qu'on ne peut en faire de meilleur;
Et ma grande raison est que j'en suis l'auteur.
VADIUS.
Vous ?

TRISSOTIN.
Moi.
VADIUS.
Je ne sais donc comment se fit l'affaire.
TRISSOTIN.
C'est qu'on fut malheureux de ne pouvoir vous plaire.
VADIUS.
Il faut qu'en écoutant j'aie eu l'esprit distrait,
Ou bien que le lecteur m'ait gâté le sonnet.
Mais laissons ce discours, et voyons ma ballade.
TRISSOTIN.
La ballade, à mon goût, est une chose fade ;
Ce n'en est plus la mode, elle sent son vieux temps.
VADIUS.
La ballade pourtant charme beaucoup de gens.
TRISSOTIN.
Cela n'empêche pas qu'elle ne me déplaise.
VADIUS.
Elle n'en reste pas pour cela plus mauvaise.
TRISSOTIN.
Elle a pour les pédants de merveilleux appas.
VADIUS.
Cependant nous voyons qu'elle ne vous plaît pas.
TRISSOTIN.
Vous donnez sottement vos qualités aux autres.
(Ils se lèvent tous.)
VADIUS.
Fort impertinemment vous me jetez les vôtres.
TRISSOTIN.
Allez, petit grimaud, barbouilleur de papier.

VADIUS.

Allez, rimeur de halle, opprobre du métier.

TRISSOTIN.

Allez, fripier d'écrits, impudent plagiaire.

VADIUS.

Allez, cuistre...

PHILAMINTE.

Hé! messieurs, que prétendez-vous faire?

TRISSOTIN, à Vadius.

Va, va restituer tous les honteux larcins
Que réclament sur toi les Grecs et les Latins.

VADIUS.

Va, va-t'en faire amende honorable au Parnasse
D'avoir fait à tes vers estropier Horace.

TRISSOTIN.

Souviens-toi de ton livre, et de son peu de bruit.

VADIUS.

Et toi, de ton libraire à l'hôpital réduit.

TRISSOTIN.

Ma gloire est établie, en vain tu la déchires.

VADIUS.

Oui, oui, je te renvoie à l'auteur des satires.

TRISSOTIN.

Je t'y renvoye aussi.

VADIUS.

J'ai le contentement
Qu'on voit qu'il m'a traité plus honorablement.
Il me donne en passant une atteinte légère
Parmi plusieurs auteurs qu'au palais on révère ;

Mais jamais dans ses vers il ne te laisse en paix,
Et l'on t'y voit partout être en butte à ses traits.

TRISSOTIN.

C'est par-là que j'y tiens un rang plus honorable.
Il te met dans la foule, ainsi qu'un misérable;
Il croit que c'est assez d'un coup pour t'accabler,
Et ne t'a jamais fait l'honneur de redoubler :
Mais il m'attaque à part comme un noble adversaire
Sur qui tout son effort lui semble nécessaire;
Et ses coups, contre moi redoublés en tous lieux,
Montrent qu'il ne se croit jamais victorieux.

VADIUS.

Ma plume t'apprendra quel homme je puis être.

TRISSOTIN.

Et la mienne saura te faire voir ton maître.

VADIUS.

Je te défie en vers, prose, grec et latin.

TRISSOTIN.

Hé bien! nous nous verrons seul à seul chez Barbin.

SCÈNE VI.

TRISSOTIN, PHILAMINTE, ARMANDE, BÉLISE, HENRIETTE.

TRISSOTIN.

A mon emportement ne donnez aucun blâme ;
C'est votre jugement que je défends, madame,
Dans le sonnet qu'il a l'audace d'attaquer.

PHILAMINTE.

A vous remettre bien je me veux appliquer.

Mais parlons d'autre affaire. Approchez, Henriette :
Depuis assez long-temps mon âme s'inquiète
De ce qu'aucun esprit en vous ne se fait voir ;
Mais je trouve un moyen de vous en faire avoir.

HENRIETTE.

C'est prendre un soin pour moi qui n'est pas nécessaire,
Les doctes entretiens ne sont point mon affaire :
J'aime à vivre aisément ; et, dans tout ce qu'on dit,
Il faut se trop peiner pour avoir de l'esprit ;
C'est une ambition que je n'ai point en tête.
Je me trouve fort bien, ma mère, d'être bête ;
Et j'aime mieux n'avoir que de communs propos,
Que de me tourmenter pour dire de beaux mots.

PHILAMINTE.

Oui ; mais j'y suis blessée, et ce n'est pas mon compte
De souffrir dans mon sang une pareille honte.
La beauté du visage est un frêle ornement,
Une fleur passagère, un éclat d'un moment,
Et qui n'est attachée qu'à la simple épiderme ;
Mais celle de l'esprit est inhérente et ferme.
J'ai donc cherché long-temps un biais de vous donner
La beauté que les ans ne peuvent moissonner,
De faire entrer chez vous le désir des sciences ;
De vous insinuer les belles connoissances ;
Et la pensée enfin où mes vœux ont souscrit,
C'est d'attacher à vous un homme plein d'esprit.
   (Montrant Trissotin.)
Et cet homme est monsieur, que je vous détermine
A voir comme l'époux que mon choix vous destine.

HENRIETTE.

Moi, ma mère?

PHILAMINTE.

Oui, vous : faites la sotte un peu.

BÉLISE, à Trissotin.

Je vous entends : vos yeux demandent mon aveu
Pour engager ailleurs un cœur que je possède.
Allez, je le veux bien. A ce nœud je vous cède ;
C'est un hymen qui fait votre établissement.

TRISSOTIN, à Henriette.

Je ne sais que vous dire en mon ravissement,
Madame; et cet hymen dont je vois qu'on m'honore
Me met...

HENRIETTE.

Tout beau, monsieur; il n'est pas fait encore :
Ne vous pressez pas tant.

PHILAMINTE.

Comme vous répondez !
Savez-vous bien que si... Suffit. Vous m'entendez.
(A Trissotin.)
Elle se rendra sage. Allons, laissons-la faire.

SCÈNE VII.
HENRIETTE, ARMANDE.

ARMANDE.

On voit briller pour vous les soins de notre mère ;
Et son choix ne pouvoit d'un plus illustre époux...

HENRIETTE.

Si le choix est si beau, que ne le prenez-vous ?

ARMANDE.

C'est à vous, non à moi, que sa main est donnée.

HENRIETTE.

Je vous le cède tout, comme à ma sœur ainée.

ARMANDE.

Si l'hymen, comme à vous, me paroissoit charmant,
J'accepterois votre offre avec ravissement.

HENRIETTE.

Si j'avois, comme vous, les pédants dans la tête,
Je pourrois le trouver un parti fort honnête.

ARMANDE.

Cependant, bien qu'ici nos goûts soient différents,
Nous devons obéir, ma sœur, à nos parents.
Une mère a sur nous une entière puissance ;
Et vous croyez en vain, par votre résistance...

SCÈNE VIII.

CHRYSALE, ARISTE, CLITANDRE, HENRIETTE, ARMANDE.

CHRYSALE, à Henriette, lui présentant Clitandre.

Allons, ma fille, il faut approuver mon dessein.
Otez ce gant. Touchez à monsieur dans la main,
Et le considérez désormais dans votre âme
En homme dont je veux que vous soyez la femme.

ARMANDE.

De ce côté, ma sœur, vos penchants sont forts grands.

HENRIETTE.

Il nous faut obéir, ma sœur, à nos parents ;
Un père a sur nos vœux une entière puissance.

ARMANDE.

Une mère a sa part à notre obéissance.

CHRYSALE.

Qu'est-ce à dire ?

ARMANDE.

Je dis que j'appréhende fort
Qu'ici ma mère et vous ne soyez pas d'accord ;
Et c'est un autre époux...

CHRYSALE.

Taisez-vous, péronnelle ;
Allez philosopher tout le soûl avec elle,
Et de mes actions ne vous mêlez en rien.
Dites-lui ma pensée, et l'avertissez bien
Qu'elle ne vienne pas m'échauffer les oreilles.
Allons vite.

SCÈNE IX.

CHRYSALE, ARISTE, HENRIETTE, CLITANDRE.

ARISTE.

Fort bien. Vous faites des merveilles.

CLITANDRE.

Quel transport ! quelle joie ! Ah ! que mon sort
est doux !

CHRYSALE, à Clitandre.

Allons, prenez sa main, et passez devant nous ;
Menez-la dans sa chambre. Ah ! les douces caresses !
(A Ariste.)
Tenez, mon cœur s'émeut à toutes ces tendresses :
Cela regaillardit tout-à-fait mes vieux jours ;
Et je me ressouviens de mes jeunes amours.

FIN DU TROISIÈME ACTE.

ACTE QUATRIÈME.

SCÈNE I.
PHILAMINTE, ARMANDE.

ARMANDE.

Oui, rien n'a retenu son esprit en balance ;
Elle a fait vanité de son obéissance.
Son cœur, pour se livrer, à peine devant moi
S'est-il donné le temps d'en recevoir la loi,
Et sembloit suivre moins les volontés d'un père,
Qu'affecter de braver les ordres d'une mère.

PHILAMINTE.

Je lui montrerai bien aux lois de qui des deux
Les droits de la raison soumettent tous ses vœux,
Et qui doit gouverner, ou sa mère, ou son père,
Ou l'esprit ou le corps, la forme ou la matière.

ARMANDE.

On vous en devoit bien, au moins, un compliment ;
Et ce petit monsieur en use étrangement
De vouloir, malgré vous, devenir votre gendre.

PHILAMINTE.

Il n'en est pas encore où son cœur peut prétendre.
Je le trouvois bien fait, et j'aimois vos amours ;
Mais, dans ses procédés, il m'a déplu toujours.
Il sait que, Dieu merci, je me mêle d'écrire ;
Et jamais il ne m'a prié de lui rien lire.

SCÈNE II.

CLITANDRE, ENTRANT DOUCEMENT, ET ÉCOUTANT SANS SE MONTRER; ARMANDE, PHILAMINTE.

ARMANDE.

Je ne souffrirois point, si j'étois que de vous,
Que jamais d'Henriette il pût être l'époux.
On me feroit grand tort d'avoir quelque pensée
Que là-dessus je parle en fille intéressée,
Et que le lâche tour que l'on voit qu'il me fait
Jette au fond de mon cœur quelque dépit secret.
Contre de pareils coups l'âme se fortifie
Du solide secours de la philosophie,
Et par elle on se peut mettre au-dessus de tout.
Mais vous traiter ainsi, c'est vous pousser à bout.
Il est de votre honneur d'être à ses vœux contraire;
Et c'est un homme enfin qui ne doit point vous plaire.
Jamais je n'ai connu, discourant entre nous,
Qu'il eût au fond du cœur de l'estime pour vous.

PHILAMINTE.

Petit sot!

ARMANDE.

Quelque bruit que votre gloire fasse
Toujours à vous louer il a paru de glace.

PHILAMINTE.

Le brutal!

ARMANDE.

Et vingt fois, comme ouvrages nouveaux,
J'ai lu des vers de vous qu'il n'a point trouvés beaux.

PHILAMINTE.

L'impertinent !

ARMANDE.

Souvent nous en étions aux prises ;
Et vous ne croiriez point de combien de sottises...

CLITANDRE, à Armande.

Hé ! doucement, de grâce. Un peu de charité,
Madame, ou, tout au moins, un peu d'honnêteté.
Quel mal vous ai-je fait ? et quelle est mon offense
Pour armer contre moi toute votre éloquence,
Pour vouloir me détruire, et prendre tant de soin
De me rendre odieux aux gens dont j'ai besoin ?
Parlez, dites, d'où vient ce courroux effroyable ?
Je veux bien que madame en soit juge équitable.

ARMANDE.

Si j'avois le courroux dont on veut m'accuser,
Je trouverois assez de quoi l'autoriser ;
Vous en seriez trop digne : et les premières flammes
S'établissent des droits si sacrés sur les âmes,
Qu'il faut perdre fortune, et renoncer au jour,
Plutôt que de brûler des feux d'un autre amour.
Au changement de vœux nulle horreur ne s'égale ;
Et tout cœur infidèle est un monstre en morale.

CLITANDRE.

Appelez-vous, madame, une infidélité
Ce que m'a de votre âme ordonné la fierté ?
Je ne fais qu'obéir aux lois qu'elle m'impose ;
Et si je vous offense, elle seule en est cause.
Vos charmes ont d'abord possédé tout mon cœur ;
Il a brûlé deux ans d'une constante ardeur ;

ACTE IV, SCÈNE II.

Il n'est soins empressés, devoirs, respects, services,
Dont il ne vous ait fait d'amoureux sacrifices.
Tous mes feux, tous mes soins, ne peuvent rien
         sur vous,
Je vous trouve contraire à mes vœux les plus doux ;
Ce que vous refusez, je l'offre au choix d'une autre.
Voyez : est-ce, madame, ou ma faute, ou la vôtre ?
Mon cœur court-il au change, ou si vous l'y poussez ?
Est-ce moi qui vous quitte ? ou vous qui me chassez ?

     ARMANDE.

Appelez-vous, monsieur, être à vos vœux contraire,
Que de leur arracher ce qu'ils ont de vulgaire,
Et vouloir les réduire à cette pureté
Où du parfait amour consiste la beauté ?
Vous ne sauriez pour moi tenir votre pensée
Du commerce des sens nette et débarrassée ;
Et vous ne goûtez point, dans ses plus doux appas,
Cette union des cœurs où les corps n'entrent pas.
Vous ne pouvez aimer que d'une amour grossière,
Qu'avec tout l'attirail des nœuds de la matière ;
Et, pour nourrir les feux que chez vous on produit,
Il faut un mariage et tout ce qui s'ensuit.
Ah ! quel étrange amour ! et que les belles âmes
Sont bien loin de brûler de ces terrestres flammes !
Les sens n'ont point de part à toutes leurs ardeurs,
Et ce beau feu ne veut marier que les cœurs ;
Comme une chose indigne, il laisse là le reste :
C'est un feu pur et net comme le feu céleste ;
On ne pousse avec lui que d'honnêtes soupirs,
Et l'on ne penche point vers les sales désirs.
Rien d'impur ne se mêle au but qu'on se propose ;

On aime pour aimer, et non pour autre chose :
Ce n'est qu'à l'esprit seul que vont tous les transports,
Et l'on ne s'aperçoit jamais qu'on ait un corps.

CLITANDRE.

Pour moi, par un malheur, je m'aperçois, madame,
Que j'ai, ne vous déplaise, un corps tout comme une âme ;
Je sens qu'il y tient trop pour le laisser à part.
De ces détachements je ne connois point l'art ;
Le ciel m'a dénié cette philosophie,
Et mon âme et mon corps marchent de compagnie.
Il n'est rien de plus beau, comme vous avez dit,
Que ces vœux épurés qui ne vont qu'à l'esprit,
Ces unions de cœur, et ces tendres pensées,
Du commerce des sens si bien débarrassées.
Mais ces amours pour moi sont trop subtilisés ;
Je suis un peu grossier comme vous m'accusez ;
J'aime avec tout moi-même ; et l'amour qu'on me donne
En veut, je le confesse, à toute la personne.
Ce n'est pas là matière à de grands châtiments ;
Et, sans faire de tort à vos beaux sentiments,
Je vois que dans le monde on suit fort ma méthode,
Et que le mariage est assez à la mode,
Passe pour un lien assez honnête et doux
Pour avoir désiré de me voir votre époux,
Sans que la liberté d'une telle pensée
Ait dû vous donner lieu d'en paroître offensée.

ARMANDE.

Hé bien! monsieur, hé bien! puisque, sans m'écouter,

Vos sentiments brutaux veulent se contenter ;
Puisque, pour vous réduire à des ardeurs fidèles,
Il faut des nœuds de chair, des chaînes corporelles,
Si ma mère le veut, je résous mon esprit
A consentir pour vous à ce dont il s'agit.

CLITANDRE.

Il n'est plus temps, madame, une autre a pris la place;
Et par un tel retour j'aurois mauvaise grâce
De maltraiter l'asile et blesser les bontés
Où je me suis sauvé de toutes vos fiertés.

PHILAMINTE.

Mais enfin comptez-vous, monsieur, sur mon suffrage,
Quand vous vous promettez cet autre mariage?
Et, dans vos visions, savez-vous, s'il vous plaît,
Que j'ai pour Henriette un autre époux tout prêt?

CLITANDRE.

Hé! madame, voyez votre choix, je vous prie ;
Exposez-moi, de grâce, à moins d'ignominie,
Et ne me rangez pas à l'indigne destin
De me voir le rival de monsieur Trissotin.
L'amour des beaux esprits, qui chez vous m'est contraire,
Ne pouvoit m'opposer un moins noble adversaire.
Il en est, et plusieurs, que pour le bel esprit,
Le mauvais goût du siècle a su mettre en crédit ;
Mais monsieur Trissotin n'a pu duper personne,
Et chacun rend justice aux écrits qu'il nous donne.
Hors céans, on le prise en tous lieux ce qu'il vaut;
Et ce qui m'a vingt fois fait tomber de mon haut,

C'est de vous voir au ciel élever des sornettes
Que vous désavoùriez si vous les aviez faites.

PHILAMINTE.

Si vous jugez de lui tout autrement que nous,
C'est que nous le voyons par d'autres yeux que vous.

SCÈNE III.

TRISSOTIN, PHILAMINTE, ARMANDE, CLITANDRE.

TRISSOTIN, à Philaminte.

Je viens vous annoncer une grande nouvelle.
Nous l'avons en dormant, madame, échappé belle.
Un monde près de nous a passé tout du long,
Est chu tout au travers de notre tourbillon;
Et, s'il eût en chemin rencontré notre terre,
Elle eût été brisée en morceaux, comme verre.

PHILAMINTE.

Remettons ce discours pour une autre saison :
Monsieur n'y trouveroit ni rime ni raison ;
Il fait profession de chérir l'ignorance,
Et de haïr surtout l'esprit et la science.

CLITANDRE.

Cette vérité veut quelque adoucissement.
Je m'explique, madame ; et je hais seulement
La science et l'esprit qui gâtent les personnes.
Ce sont choses, de soi, qui sont belles et bonnes.
Mais j'aimerois mieux être au rang des ignorants,
Que de me voir savant comme certaines gens.

TRISSOTIN.

Pour moi, je ne tiens pas, quelque effet qu'on suppose,
Que la science soit pour gâter quelque chose.

CLITANDRE.

Et c'est mon sentiment qu'en faits comme en propos
La science est sujette à faire de grands sots.

TRISSOTIN.

Le paradoxe est fort.

CLITANDRE.

    Sans être fort habile,
La preuve m'en seroit, je pense, assez facile.
Si les raisons manquoient, je suis sûr qu'en tout cas
Les exemples fameux ne me manqueroient pas.

TRISSOTIN.

Vous en pourriez citer qui ne conclueroient guère.

CLITANDRE.

Je n'irois pas bien loin pour trouver mon affaire.

TRISSOTIN.

Pour moi, je ne vois pas ces exemples fameux.

CLITANDRE.

Moi, je les vois si bien, qu'ils me crèvent les yeux.

TRISSOTIN.

J'ai cru jusques ici que c'étoit l'ignorance
Qui faisoit les grands sots, et non pas la science.

CLITANDRE.

Vous avez cru fort mal ; et je vous suis garant
Qu'un sot savant est sot plus qu'un sot ignorant.

TRISSOTIN.

Le sentiment commun est contre vos maximes,
Puisque ignorant et sot sont termes synonymes.

CLITANDRE.

Si vous le voulez prendre aux usages du mot,
L'alliance est plus grande entre pédant et sot,

TRISSOTIN.

La sottise, dans l'un, se fait voir toute pure.

CLITANDRE.

Et l'étude, dans l'autre, ajoute à la nature.

TRISSOTIN.

Le savoir garde en soi son mérite éminent.

CLITANDRE.

Le savoir, dans un fat, devient impertinent.

TRISSOTIN.

Il faut que l'ignorance ait pour vous de grands charmes,
Puisque pour elle ainsi vous prenez tant les armes.

CLITANDRE.

Si pour moi l'ignorance a des charmes bien grands,
C'est depuis qu'à mes yeux s'offrent certains savants.

TRISSOTIN.

Ces certains savants-là peuvent, à les connoître,
Valoir certaines gens que nous voyons paroître.

CLITANDRE.

Oui, si l'on s'en rapporte à ces certains savants :
Mais on n'en convient pas chez ces certaines gens.

PHILAMINTE, à Clitandre.

Il me semble, monsieur...

CLITANDRE.

Hé ! madame, de grâce,
Monsieur est assez fort, sans qu'à son aide on passe.
Je n'ai déjà que trop d'un si rude assaillant ;
Et si je me défends, ce n'est qu'en reculant.

ARMANDE.

Mais l'offensante aigreur de chaque repartie
Dont vous...

ACTE IV, SCÈNE III.

CLITANDRE.
Autre second ! Je quitte la partie.
PHILAMINTE.
On souffre aux entretiens ces sortes de combats,
Pourvu qu'à la personne on ne s'attaque pas.
CLITANDRE.
Hé ! mon Dieu ! tout cela n'est rien dont il s'offense
Il entend raillerie autant qu'homme de France ;
Et de bien d'autres traits il s'est senti piquer,
Sans que jamais sa gloire ait fait que s'en moquer.
TRISSOTIN.
Je ne m'étonne pas, au combat que j'essuie,
De voir prendre à monsieur la thèse qu'il appuie ;
Il est fort enfoncé dans la cour, c'est tout dit.
La cour comme l'on sait, ne tient pas pour l'esprit :
Elle a quelque intérêt d'appuyer l'ignorance ;
Et c'est en courtisan qu'il en prend la défense.
CLITANDRE.
Vous en voulez beaucoup à cette pauvre cour ;
Et son malheur est grand de voir que, chaque jour,
Vous autres beaux esprits vous déclamiez contre elle,
Que de tous vos chagrins vous lui fassiez querelle,
Et, sur son méchant goût lui faisant son procès,
N'accusiez que lui seul de vos méchants succès.
Permettez-moi, monsieur Trissotin, de vous dire,
Avec tout le respect que votre nom m'inspire,
Que vous feriez fort bien, vos confrères et vous,
De parler de la cour d'un ton un peu plus doux ;
Qu'à le bien prendre au fond, elle n'est pas si bête
Que, vous autres messieurs, vous vous mettez en tête ;

4*

Qu'elle a du sens commun pour se connoître à tout;
Que chez elle on se peut former quelque bon goût;
Et que l'esprit du monde y vaut, sans flatterie,
Tout le savoir obscur de la pédanterie.

TRISSOTIN.

De son bon goût, monsieur, nous voyons des effets.

CLITANDRE.

Où voyez-vous, monsieur, qu'elle l'ait si mauvais?

TRISSOTIN.

Ce que je vois, monsieur? C'est que pour la science
Rasius et Baldus font honneur à la France,
Et que tout leur mérite exposé fort au jour,
N'attire point les yeux et les dons de la cour.

CLITANDRE.

Je vois votre chagrin, et que, par modestie,
Vous ne vous mettez point, monsieur, de la partie.
Et, pour ne vous point mettre aussi dans le propos,
Que font-ils pour l'État, vos habiles héros?
Qu'est-ce que leurs écrits lui rendent de service,
Pour accuser la cour d'une horrible injustice,
Et se plaindre en tous lieux que sur leurs doctes noms
Elle manque à verser la faveur de ses dons?
Leur savoir à la France est beaucoup nécessaire!
Et des livres qu'ils font la cour a bien affaire!
Il semble à trois gredins, dans leur petit cerveau,
Que, pour être imprimés et reliés en veau,
Les voilà dans l'État d'importantes personnes;
Qu'avec leur plume ils font les destins des couronnes;
Qu'au moindre petit bruit de leurs productions,
Ils doivent voir chez eux voler les pensions;

Que sur eux l'univers a la vue attachée ;
Que partout de leur nom la gloire est épanchée ;
Et qu'en science ils sont des prodiges fameux,
Pour savoir ce qu'ont dit les autres avant eux,
Pour avoir eu trente ans des yeux et des oreilles,
Pour avoir employé neuf ou dix mille veilles
A se bien barbouiller de grec et de latin,
Et se charger l'esprit d'un ténébreux butin
De tous les vieux fatras qui traînent dans les livres :
Gens qui de leur savoir paroissent toujours ivres ;
Riches, pour tout mérite, en babil importun ;
Inhabiles à tout, vides de sens commun,
Et pleins d'un ridicule et d'une impertinence
A décrier partout l'esprit et la science.

PHILAMINTE.

Votre chaleur est grande ; et cet emportement
De la nature en vous marque le mouvement.
C'est le nom de rival qui dans votre âme excite...

SCÈNE IV.

TRISSOTIN, PHILAMINTE, CLITANDRE, ARMANDE, JULIEN.

JULIEN.

Le savant qui tantôt vous a rendu visite,
Et de qui j'ai l'honneur de me voir le valet,
Madame, vous exhorte à lire ce billet.

PHILAMINTE.

Quelque important que soit ce qu'on veut que je lise,
Apprenez, mon ami, que c'est une sottise
De se venir jeter au travers d'un discours,

Et qu'aux gens d'un logis il faut avoir recours,
Afin de s'introduire en valet qui sait vivre.
JULIEN.
Je noterai cela, madame, dans mon livre.
PHILAMINTE.

« Trissotin s'est vanté, madame, qu'il épou-
» seroit votre fille. Je vous donne avis que sa
» philosophie n'en veut qu'à vos richesses, et que
» vous ferez bien de ne point conclure votre
» mariage que vous n'ayez vu le poëme que je
» compose contre lui. En attendant cette pein-
» ture, où je prétends vous le dépeindre de
» toutes ses couleurs, je vous envoie Horace,
» Virgile, Térence, et Catulle, où vous verrez
» notés en marge tous les endroits qu'il a pillés. »

Voilà sur cet hymen que je me suis promis
Un mérite attaqué de beaucoup d'ennemis ;
Et ce déchaînement aujourd'hui me convie
A faire une action qui confonde l'envie,
Qui lui fasse sentir que l'effort qu'elle fait
De ce qu'elle veut rompre aura pressé l'effet.
(A Julien.)
Reportez tout cela sur l'heure à votre maître,
Et lui dites qu'afin de lui faire connoître
Quel grand état je fais de ses nobles avis,
Et comme je les crois dignes d'être suivis,
(Montrant Trissotin.)
Dès ce soir à monsieur je marirai ma fille.

SCÈNE V.
PHILAMINTE, ARMANDE, CLI-TANDRE.

PHILAMINTE, à Clitandre.

Vous, monsieur, comme ami de toute la famille,
A signer leur contrat vous pourrez assister;
Et je vous y veux bien de ma part inviter.
Armande, prenez soin d'envoyer au notaire,
Et d'aller avertir votre sœur de l'affaire.

ARMANDE.

Pour avertir ma sœur, il n'en est pas besoin;
Et monsieur que voilà saura prendre le soin
De courir lui porter bientôt cette nouvelle,
Et disposer son cœur à vous être rebelle.

PHILAMINTE.

Nous verrons qui sur elle aura plus de pouvoir,
Et si je la saurai réduire à son devoir.

SCÈNE VI.
ARMANDE, CLITANDRE.

ARMANDE.

J'ai grand regret, monsieur, de voir qu'à vos visées
Les choses ne soient pas tout-à-fait disposées.

CLITANDRE.

Je m'en vais travailler, madame, avec ardeur,
A ne vous point laisser ce grand regret au cœur.

ARMANDE.

J'ai peur que votre effort n'ait pas trop bonne issue.

CLITANDRE.

Peut-être verrez-vous votre crainte déçue.

ARMANDE.

Je le souhaite ainsi.

CLITANDRE.

J'en suis persuadé,
Et que de votre appui je serai secondé.

ARMANDE.

Oui, je vais vous servir de toute ma puissance.

CLITANDRE.

Et ce service est sûr de ma reconnoissance.

SCÈNE VII.

CHRYSALE, ARISTE, HENRIETTE, CLITANDRE.

CLITANDRE.

Sans votre appui, monsieur, je serai malheureux.
Madame votre femme a rejeté mes vœux ;
Et son cœur prévenu veut Trissotin pour gendre.

CHRYSALE.

Mais quelle fantaisie a-t-elle donc pu prendre ?
Pourquoi diantre vouloir ce monsieur Trissotin ?

ARISTE.

C'est par l'honneur qu'il a de rimer à latin
Qu'il a sur son rival emporté l'avantage.

CLITANDRE.

Elle veut dès ce soir faire ce mariage.

CHRYSALE.

Dès ce soir ?

CLITANDRE.

Dès ce soir.

CHRYSALE.
                      Et dès ce soir, je veux,
Pour la contrecarrer, vous marier vous deux.
CLITANDRE.
Pour dresser le contrat, elle envoie au notaire.
CHRYSALE.
Et je vais le quérir pour celui qu'il doit faire.
CLITANDRE, montrant Henriette.
Et madame doit être instruite par sa sœur
De l'hymen où l'on veut qu'elle apprête son cœur.
CHRYSALE.
Et moi, je lui commande avec pleine puissance
De préparer sa main à cette autre alliance.
Ah! je leur ferai voir si, pour donner la loi,
Il est dans ma maison d'autre maître que moi.
   (A Henriette.)
Nous allons revenir, songez à nous attendre.
Allons, suivez mes pas, mon frère, et vous, mon gendre.
HENRIETTE, à Ariste.
Hélas! dans cette humeur conservez-le toujours.
ARISTE.
J'emploîrai toute chose à servir vos amours.

SCÈNE VIII.
HENRIETTE, CLITANDRE.

CLITANDRE.
Quelque secours puissant qu'on promette à ma flamme,
Mon plus solide espoir, c'est votre cœur, madame.

HENRIETTE.
Pour mon cœur, vous pouvez vous assurer de lui.
CLITANDRE.
Je ne puis qu'être heureux quand j'aurai son appui.
HENRIETTE.
Vous voyez à quels nœuds on prétend le contraindre.
CLITANDRE.
Tant qu'il sera pour moi, je ne vois rien à craindre.
HENRIETTE.
Je vais tout essayer pour nos vœux les plus doux ;
Et si tous mes efforts ne me donnent à vous,
Il est une retraite où mon âme se donne,
Qui m'empêchera d'être à toute autre personne.
CLITANDRE.
Veuille le juste ciel me garder en ce jour
De recevoir de vous cette preuve d'amour !

FIN DU QUATRIÈME ACTE.

ACTE CINQUIÈME.

SCÈNE I.
HENRIETTE, TRISSOTIN.

HENRIETTE.

C'est sur le mariage où ma mère s'apprête
Que j'ai voulu, monsieur, vous parler tête à tête;
Et j'ai cru, dans le trouble où je vois la maison,
Que je pourrois vous faire écouter la raison.
Je sais qu'avec mes vœux vous me jugez capable
De vous porter en dot un bien considérable.
Mais l'argent, dont on voit tant de gens faire cas,
Pour un vrai philosophe a d'indignes appas;
Et le mépris du bien et des grandeurs frivoles
Ne doit point éclater dans vos seules paroles.

TRISSOTIN.

Aussi n'est-ce point là ce qui me charme en vous;
Et vos brillants attraits, vos yeux perçants et doux,
Votre grâce et votre air, sont les biens, les richesses,
Qui vous ont attiré mes vœux et mes tendresses:
C'est de ces seuls trésors que je suis amoureux.

HENRIETTE.

Je suis fort redevable à vos feux généreux.
Cet obligeant amour a de quoi me confondre;
Et j'ai regret, monsieur, de n'y pouvoir répondre:
Je vous estime autant qu'on sauroit estimer;

Mais je trouve un obstacle à vous pouvoir aimer.
Un cœur, vous le savez, à deux ne sauroit être,
Et je sens que du mien Clitandre s'est fait maître;
Je sais qu'il a bien moins de mérite que vous,
Que j'ai de méchants yeux pour le choix d'un époux,
Que par cent beaux talents vous devriez me plaire;
Je vois bien que j'ai tort, mais je n'y puis que faire;
Et tout ce que sur moi peut le raisonnement,
C'est de me vouloir mal d'un tel aveuglement.

TRISSOTIN.

Le don de votre main, où l'on me fait prétendre,
Me livrera ce cœur que possède Clitandre;
Et par mille doux soins j'ai lieu de présumer
Que je pourrai trouver l'art de me faire aimer.

HENRIETTE.

Non : à ses premiers vœux mon âme est attachée,
Et ne peut de vos soins, monsieur, être touchée.
Avec vous librement j'ose ici m'expliquer,
Et mon aveu n'a rien qui vous doive choquer.
Cette amoureuse ardeur qui dans les cœurs s'excite
N'est point, comme l'on sait, un effet du mérite :
Le caprice y prend part; et quand quelqu'un nous
                                              plaît,
Souvent nous avons peine à dire pourquoi c'est.
Si l'on aimoit, monsieur, par choix et par sagesse,
Vous auriez tout mon cœur et toute ma tendresse;
Mais on voit que l'amour se gouverne autrement.
Laissez-moi, je vous prie, à mon aveuglement;
Et ne vous servez point de cette violence
Que pour vous on veut faire à mon obéissance.

Quand on est honnête homme on ne veut rien devoir
A ce que des parents ont sur nous de pouvoir ;
On répugne à se faire immoler ce qu'on aime,
Et l'on veut n'obtenir un cœur que de lui-même.
Ne poussez point ma mère à vouloir, par son choix,
Exercer sur mes vœux la rigueur de ses droits.
Otez-moi votre amour, et portez à quelque autre
Les hommages d'un cœur aussi cher que le vôtre.

TRISSOTIN.

Le moyen que ce cœur puisse vous contenter ?
Imposez-lui des lois qu'il puisse exécuter.
De ne vous point aimer peut-il être capable,
A moins que vous cessiez, madame, d'être aimable,
Et d'étaler aux yeux les célestes appas...?

HENRIETTE.

Hé ! monsieur, laissons là ce galimatias.
Vous avez tant d'Iris, de Philis, d'Amarantes,
Que partout dans vos vers vous peignez si charmantes,
Et pour qui vous jurez tant d'amoureuse ardeur...

TRISSOTIN.

C'est mon esprit qui parle, et ce n'est pas mon cœur.
D'elles on ne me voit amoureux qu'en poëte ;
Mais j'aime tout de bon l'adorable Henriette.

HENRIETTE.

Hé ! de grâce, monsieur...

TRISSOTIN.

Si c'est vous offenser,
Mon offense envers vous n'est pas prête à cesser.
Cette ardeur jusqu'ici de vos yeux ignorée,

Vous consacre des vœux d'éternelle durée.
Rien n'en peut arrêter les aimables transports.
Et bien que vos beautés condamnent mes efforts,
Je ne puis refuser le secours d'une mère,
Qui prétend couronner une flamme si chère
Et, pourvu que j'obtienne un bonheur si charmant,
Pourvu que je vous aie, il n'importe comment.

HENRIETTE.

Mais savez-vous qu'on risque un peu plus qu'on ne pense
A vouloir sur un cœur user de violence ;
Qu'il ne fait pas bien sûr, à vous le trancher net,
D'épouser une fille en dépit qu'elle en ait ;
Et qu'elle peut aller, en se voyant contraindre,
A des ressentiments que le mari doit craindre ?

TRISSOTIN.

Un tel discours n'a rien dont je sois altéré ;
A tous événements le sage est préparé.
Guéri par la raison des foiblesses vulgaires,
Il se met au-dessus de ces sortes d'affaires ;
Et n'a garde de prendre aucune ombre d'ennui
De tout ce qui n'est pas pour dépendre de lui.

HENRIETTE.

En vérité, monsieur, je suis de vous ravie ;
Et je ne pensois pas que la philosophie
Fût si belle qu'elle est, d'instruire ainsi les gens
A porter constamment de pareils accidents.
Cette fermeté d'âme, à vous si singulière,
Mérite qu'on lui donne une illustre matière,
Est digne de trouver qui prenne avec amour

ACTE V, SCÈNE I.

Les soins continuels de la mettre en son jour;
Et comme, à dire vrai, je n'oserois me croire
Bien propre à lui donner tout l'éclat de sa gloire.
Je le laisse à quelque autre, et vous jure, entre nous,
Que je renonce au bien de vous voir mon époux.

TRISSOTIN, en sortant.

Nous allons voir bientôt comment ira l'affaire;
Et l'on a là-dedans fait venir le notaire.

SCÈNE II.
CHRYSALE, CLITANDRE, HENRIETTE, MARTINE.

CHRYSALE.

Ah! ma fille, je suis bien aise de vous voir;
Allons, venez-vous-en faire votre devoir,
Et soumettre vos vœux aux volontés d'un père.
Je veux, je veux apprendre à vivre à votre mère;
Et, pour la mieux braver, voilà, malgré ses dents,
Martine que j'amène et rétablis céans.

HENRIETTE.

Vos résolutions sont dignes de louange;
Gardez que cette humeur, mon père, ne vous change;
Soyez ferme à vouloir ce que vous souhaitez;
Et ne vous laissez point séduire à vos bontés.
Ne vous relâchez pas, et faites bien en sorte
D'empêcher que sur vous ma mère ne l'emporte.

CHRYSALE.

Comment! me prenez-vous ici pour un benêt?

HENRIETTE.

M'en préserve le ciel!

CHRYSALE.
Suis-je un fat, s'il vous plaît?

HENRIETTE.
Je ne dis pas cela.

CHRYSALE.
Me croit-on incapable
Des fermes sentiments d'un homme raisonnable?

HENRIETTE.
Non, mon père.

CHRYSALE.
Est-ce donc qu'à l'âge où je me vois
Je n'aurois pas l'esprit d'être maître chez moi?

HENRIETTE.
Si fait.

CHRYSALE.
Et que j'aurois cette foiblesse d'âme
De me laisser mener par le nez à ma femme?

HENRIETTE.
Hé! non, mon père.

CHRYSALE.
Ouais! Qu'est-ce donc que ceci?
Je vous trouve plaisante à me parler ainsi.

HENRIETTE.
Si je vous ai choqué, ce n'est pas mon envie.

CHRYSALE.
Ma volonté céans doit être en tout suivie.

HENRIETTE.
Fort bien, mon père.

CHRYSALE.
Aucun, hors moi, dans la maison
N'a droit de commander.

HENRIETTE.
    Oui, vous avez raison.
CHRYSALE.
C'est moi qui tiens le rang de chef de la famille.
HENRIETTE.
D'accord.
CHRYSALE.
   C'est moi qui dois disposer de ma fille.
HENRIETTE.
Hé ! oui.
CHRYSALE.
Le ciel me donne un plein pouvoir sur vous.
HENRIETTE.
Qui vous dit le contraire ?
CHRYSALE.
    Et, pour prendre un époux,
Je vous ferai bien voir que c'est à votre père
Qu'il vous faut obéir, non pas à votre mère.
HENRIETTE.
Hélas ! vous flattez là les plus doux de mes vœux ;
Veuillez être obéi, c'est tout ce que je veux.
CHRYSALE.
Nous verrons si ma femme à mes désirs rebelle...
CLITANDRE.
La voici qui conduit le notaire avec elle.
CHRYSALE.
Secondez-moi bien tous.
MARTINE.
    Laissez-moi : j'aurai soin
De vous encourager, s'il en est de besoin.

SCÈNE III.

PHILAMINTE, BÉLISE, ARMANDE, TRISSOTIN, UN NOTAIRE, CHRYSALE, CLITANDRE, HENRIETTE, MARTINE.

PHILAMINTE, au notaire.

Vous ne sauriez changer votre style sauvage,
Et nous faire un contrat qui soit en beau langage?

LE NOTAIRE.

Notre style est très-bon; et je serois un sot
Madame, de vouloir y changer un seul mot.

BÉLISE.

Ah! quelle barbarie au milieu de la France!
Mais au moins, en faveur, monsieur, de la science,
Veuillez, au lieu d'écus, de livres et de francs,
Nous exprimer la dot en mines et talents,
Et dater par les mots d'ides et de calendes.

LE NOTAIRE.

Moi? Si j'allois, madame, accorder vos demandes,
Je me ferois siffler de tous mes compagnons.

PHILAMINTE.

De cette barbarie en vain nous nous plaignons.
Allons, monsieur, prenez la table pour écrire.
(Apercevant Martine.)
Ah! ah! cette impudente ose encore se produire!
Pourquoi donc, s'il vous plaît, la ramener chez moi?

CHRYSALE.

Tantôt avec loisir on vous dira pourquoi:
Nous avons maintenant autre chose à conclure.

ACTE V, SCÈNE III.

LE NOTAIRE.

Procédons au contrat. Où donc est la future?

PHILAMINTE.

Celle que je marie est la cadette.

LE NOTAIRE.

Bon.

CHRYSALE, montrant Henriette.

Oui, la voilà, monsieur : Henriette est son nom.

LE NOTAIRE.

Fort bien. Et le futur?

PHILAMINTE, montrant Trissotin.

L'époux que je lui donne
Est monsieur.

CHRYSALE, montrant Clitandre.

Et celui, moi, qu'en propre personne
Je prétends qu'elle épouse, est monsieur.

LE NOTAIRE.

Deux époux?
C'est trop pour la coutume.

PHILAMINTE, au notaire.

Où vous arrêtez-vous?
Mettez, mettez monsieur Trissotin pour mon gendre.

CHRYSALE.

Pour mon gendre, mettez, mettez monsieur Clitandre.

LE NOTAIRE.

Mettez-vous donc d'accord; et, d'un jugement mûr,
Voyez à convenir entre vous du futur.

PHILAMINTE.

Suivez, suivez, monsieur, le choix où je m'arrête.

CHRYSALE.
Faites, faites, monsieur, les choses à ma tête.
LE NOTAIRE.
Dites-moi donc à qui j'obéirai des deux.
PHILAMINTE, à Chrysale.
Quoi donc! vous combattez les choses que je veux!
CHRYSALE.
Je ne saurois souffrir qu'on ne cherche ma fille
Que pour l'amour du bien qu'on voit dans ma famille.
PHILAMINTE.
Vraiment à votre bien on songe bien ici!
Et c'est là, pour un sage, un fort digne souci!
CHRYSALE.
Enfin pour son époux j'ai fait choix de Clitandre.
PHILAMINTE, montrant Trissotin.
Et moi pour son époux voici qui je veux prendre.
Mon choix sera suivi, c'est un point résolu.
CHRYSALE.
Ouais! vous le prenez là d'un ton bien absolu.
MARTINE.
Ce n'est point à la femme à prescrire, et je sommes
Pour céder le dessus en toute chose aux hommes.
CHRYSALE.
C'est bien dit.
MARTINE.
   Mon congé cent fois me fût-il hoc,
La poule ne doit point chanter devant le coq.
CHRYSALE.
Sans doute.

ACTE V, SCÈNE III.

MARTINE.

Et nous voyons que d'un homme on se gausse,
Quand sa femme chez lui porte le haut-de-chausse.

CHRYSALE.

Il est vrai.

MARTINE.

Si j'avois un mari, je le dis,
Je voudrois qu'il se fît le maître du logis.
Je ne l'aimerois point s'il faisoit le jocrisse ;
Et, si je contestois contre lui par caprice,
Si je parlois trop haut, je trouverois fort bon
Qu'avec quelques soufflets il rabaissât mon ton.

CHRYSALE.

C'est parler comme il faut.

MARTINE.

Monsieur est raisonnable
De vouloir pour sa fille un mari convenable.

CHRYSALE.

Oui.

MARTINE.

Par quelle raison, jeune et bien fait qu'il est,
Lui refuser Clitandre? Et pourquoi, s'il vous plaît,
Lui bailler un savant qui sans cesse épilogue?
Il lui faut un mari, non pas un pédagogue ;
Et, ne voulant savoir le grais ni le latin,
Elle n'a pas besoin de monsieur Trissotin.

CHRYSALE.

Fort bien.

PHILAMINTE.

Il faut souffrir qu'elle jase à son aise.

MARTINE.

Les savants ne sont bons que pour prêcher en chaise;
Et pour mon mari, moi, mille fois je l'ai dit,
Je ne voudrois jamais prendre un homme d'esprit.
L'esprit n'est point du tout ce qu'il faut en ménage.
Les livres cadrent mal avec le mariage;
Et je veux, si jamais on engage ma foi,
Un mari qui n'ait point d'autre livre que moi,
Qui ne sache A ne B, n'en déplaise à madame,
Et ne soit, en un mot, docteur que pour sa femme.

PHILAMINTE, à Chrysale.

Est-ce fait? Et sans trouble ai-je assez écouté
Votre digne interprète?

CHRYSALE.

Elle a dit vérité.

PHILAMINTE.

Et moi, pour trancher court toute cette dispute,
Il faut qu'absolument mon désir s'exécute.
(Montrant Trissotin.)
Henriette et monsieur seront joints de ce pas:
Je l'ai dit, je le veux; ne me répliquez pas;
Et si votre parole à Clitandre est donnée,
Offrez-lui le parti d'épouser son aînée.

CHRYSALE.

Voilà dans cette affaire un accommodement?
(A Henriette et à Clitandre.)
Voyez; y donnez-vous votre consentement?

HENRIETTE.

Hé! mon père...

CLITANDRE, à Chrysale.

Hé! monsieur...

BÉLISE.

On pourroit bien lui faire
Des propositions qui pourroient mieux lui plaire ;
Mais nous établissons une espèce d'amour
Qui doit être épuré comme l'astre du jour ;
La substance qui pense y peut être reçue,
Mais nous en bannissons la substance étendue.

SCÈNE IV.

ARISTE CHRYSALE, PHILAMINTE, BÉLISE, HENRIETTE, ARMANDE, TRISSOTIN, UN NOTAIRE, CLITANDRE, MARTINE.

ARISTE.

J'ai regret de troubler un mystère joyeux
Par le chagrin qu'il faut que j'apporte en ces lieux.
Ces deux lettres me font porteur de deux nouvelles
Dont j'ai senti pour vous les atteintes cruelles.
  (A Philaminte.)
L'une, pour vous, me vient de votre procureur.
  (A Chrysale.)
L'autre, pour vous, me vient de Lyon.

PHILAMINTE.

Quel malheur
Digne de nous troubler pourroit-on nous écrire ?

ARISTE.

Cette lettre en contient un que vous pouvez lire.

PHILAMINTE.

« Madame, j'ai prié monsieur votre frère de
» vous rendre cette lettre, qui vous dira ce

» que je n'ai osé vous aller dire. La grande né-
» gligence que vous avez pour vos affaires a été
» cause que le clerc de votre rapporteur ne m'a
» point averti, et vous avez perdu absolument
» votre procès, que vous deviez gagner. »

CHRYSALE, à Philaminte.

Votre procès perdu !

PHILAMINTE, à Chrysale.

Vous vous troublez beaucoup ;
Mon cœur n'est point du tout ébranlé de ce coup.
Faites, faites paroître une âme moins commune
A braver, comme moi, les traits de la fortune.

« Le peu de soin que vous avez vous coûte
» quarante mille écus ; et c'est à payer cette somme
» avec les dépens, que vous êtes condamnée par
» arrêt de la cour. »

Condamnée ? Ah ! ce mot est choquant, et n'est fait
Que pour les criminels.

ARISTE.

Il a tort en effet ;
Et vous vous êtes là justement récriée.
Il devoit avoir mis que vous êtes priée,
Par arrêt de la cour, de payer au plus tôt
Quarante mille écus, et les dépens qu'il faut.

PHILAMINTE.

Voyons l'autre.

CHRYSALE.

« Monsieur, l'amitié qui me lie à monsieur votre
» frère me fait prendre intérêt à tout ce qui vous
» touche. Je sais que vous avez mis votre bien

ACTE V, SCÈNE IV.

» entre les mains d'Argante et de Damon, et je
» vous donne avis qu'en même jour ils ont fait
» tous deux banqueroute. »
O ciel! tout à la fois perdre ainsi tout son bien!

PHILAMINTE, à Chrysale.

Ah! quel honteux transport! Fi! tout cela n'est rien.
Il n'est pour le vrai sage aucun revers funeste ;
Et, perdant toute chose, à soi-même il se reste.
Achevons notre affaire, et quittez votre ennui.
(Montrant Trissotin.)
Son bien nous peut suffire et pour nous et pour lui.

TRISSOTIN.

Non, madame, cessez de presser cette affaire.
Je vois qu'à cet hymen tout le monde est contraire;
Et mon dessein n'est point de contraindre les gens.

PHILAMINTE.

Cette réflexion vous vient en peu de temps ;
Elle suit de bien près, monsieur, notre disgrâce.

TRISSOTIN.

De tant de résistance à la fin je me lasse.
J'aime mieux renoncer à tout cet embarras,
Et ne veux point d'un cœur qui ne se donne pas.

PHILAMINTE.

Je vois, je vois de vous, non pas pour votre gloire,
Ce que jusques ici j'ai refusé de croire.

TRISSOTIN.

Vous pouvez voir de moi tout ce que vous voudrez,
Et je regarde peu comment vous le prendrez ;
Mais je ne suis point homme à souffrir l'infamie
Des refus offensants qu'il faut qu'ici j'essuie.

Je vaux bien que de moi l'on fasse plus de cas ;
Et je baise les mains à qui ne me veut pas.

SCÈNE V.

ARISTE, CHRYSALE, PHILAMINTE, BÉLISE, ARMANDE, HENRIETTE, CLITANDRE, UN NOTAIRE, MARTINE.

PHILAMINTE.

Qu'il a bien découvert son âme mercenaire !
Et que peu philosophe est ce qu'il vient de faire !

CLITANDRE.

Je ne me vante point de l'être ; mais enfin
Je m'attache, madame, à tout votre destin ;
Et j'ose vous offrir, avecque ma personne,
Ce qu'on sait que de bien la fortune me donne.

PHILAMINTE.

Vous me charmez, monsieur, par ce trait généreux,
Et je veux couronner vos désirs amoureux.
Oui, j'accorde Henriette à l'ardeur empressée...

HENRIETTE.

Non, ma mère ; je change à présent de pensée.
Souffrez que je résiste à votre volonté.

CLITANDRE.

Quoi ! vous vous opposez à ma félicité !
Et lorsqu'à mon amour je vois chacun se rendre...

HENRIETTE.

Je sais le peu de bien que vous avez, Clitandre ;
Et je vous ai toujours souhaité pour époux,
Lorsqu'en satisfaisant à mes vœux les plus doux

J'ai vu que mon hymen ajustoit vos affaires :
Mais lorsque nous avons les destins si contraires,
Je vous chéris assez dans cette extrémité.
Pour ne vous charger point de notre adversité.

CLITANDRE.

Tout destin avec vous me peut être agréable ;
Tout destin me seroit sans vous insupportable.

HENRIETTE.

L'amour, dans son transport, parle toujours ainsi.
Des retours importuns évitons le souci.
Rien n'use tant l'ardeur de ce nœud qui nous lie,
Que les fâcheux besoins des choses de la vie ;
Et l'on en vient souvent à s'accuser tous deux
De tous les noirs chagrins qui suivent de tels feux.

ARISTE, à Henriette.

N'est-ce que le motif que nous venons d'entendre
Qui vous fait résister à l'hymen de Clitandre?

HENRIETTE.

Sans cela, vous verriez tout mon cœur y courir ;
Et je ne fuis sa main que pour le trop chérir.

ARISTE.

Laissez-vous donc lier par des chaînes si belles.
Je ne vous ai porté que de fausses nouvelles ;
Et c'est un stratagème, un surprenant secours,
Que j'ai voulu tenter pour servir nos amours,
Pour détromper ma sœur, et lui faire connoître
Ce que son philosophe à l'essai pouvoit être.

CHRYSALE.

Le ciel en soit loué !

PHILAMINTE.
>	J'en ai la joie au cœur
Par le chagrin qu'aura ce lâche déserteur.
Voilà le châtiment de sa basse avarice,
De voir qu'avec éclat cet hymen s'accomplisse.

CHRYSALE, à Clitandre.
Je le savois bien, moi, que vous l'épouseriez.

ARMANDE, à Philaminte.
Ainsi donc à leurs vœux vous me sacrifiez ?

PHILAMINTE.
Ce ne sera point vous que je leur sacrifie ;
Et vous avez l'appui de la philosophie
Pour voir d'un œil content couronner leur ardeur.

BÉLISE.
Qu'il prenne garde au moins que je suis dans son
>	cœur.
Par un prompt désespoir souvent on se marie,
Qu'on s'en repent après, tout le temps de sa vie.

CHRYSALE, au notaire.
Allons, monsieur, suivez l'ordre que j'ai prescrit,
Et faites le contrat ainsi que je l'ai dit.

FIN DES FEMMES SAVANTES.

RÉFLEXIONS

SUR

LES FEMMES SAVANTES.

Le Discours préliminaire contient tout ce qu'on a pu recueillir sur les originaux que Molière a peints dans cette pièce : on se bornera donc ici à quelques observations de détail.

Les Précieuses, représentées treize ans avant les Femmes savantes, avoient montré le ridicule du jargon des romans : on n'étaloit plus les grands sentiments de Cyrus et de Clélie ; et la réputation de mademoiselle de Scudéry baissoit considérablement. Mais l'hôtel de Rambouillet subsistoit encore ; les vieilles admirations se conservoient, quoiqu'on n'osât les exprimer ; l'envie de se distinguer n'étoit pas éteinte ; et puisqu'on ne pouvoit plus y parvenir par le langage et la fausse délicatesse des romans, on entra dans une nouvelle carrière qui n'étoit pas moins périlleuse. La philosophie de Descartes avoit alors beaucoup de vogue : malgré les réclamations des péripatéticiens opiniâtres, on venoit de la substituer dans les écoles à celle d'Aristote. C'étoit en quelque sorte une affaire de mode ; et dans les sociétés les plus frivoles, il n'étoit pas rare d'entendre parler des *tourbillons* et de *l'horreur du vide*. L'hôtel de Rambouillet ne perdit pas cette occasion de se distinguer : il crut recouvrer par les sciences la considération qu'il avoit perdue dans les lettres. Les mêmes femmes, qui ne s'étoient occupées que de romans, qui n'avoient employé leurs loisirs qu'à renchérir sur les raffinements de la carte *de Tendre*, se livrèrent aux spéculations de la physique et de l'astronomie ; on vit leurs ruelles meublées de télescopes et d'astrolabes ; et le soin même de leur beauté parut quelque temps céder à cette manie.

Les gens sages purent se plaindre qu'un travers, à la vérité fort ridicule, fût remplacé par un défaut plus important. En effet, une Précieuse, avec sa délicatesse affectée, pouvoit encore être aimable : elle ne cessoit pas d'être femme ; ses petites manières avoient probablement quelque charme que nous ne concevons pas aujourd'hui ; au lieu qu'une Femme savante abandonnoit tous les attraits de son sexe ; elle avoit la prétention d'en savoir plus que les hommes, étouffoit avec soin toute la tendresse dont son cœur étoit susceptible, et finissoit par devenir un être équivoque et indéfinissable, aussi peu digne d'estime que d'amour.

Cependant ces femmes, en abandonnant les romans avoient conservé le goût des sonnets et des madrigaux, qui remplissoient les moments qu'elles ne pouvoient donner à leurs sublimes spéculations. Elles attachoient aussi une grande importance à la grammaire. Les premiers travaux de l'Académie française avoient mis à la mode les discussions grammaticales ; et l'hôtel de Rambouillet, où les académiciens étoient admis, se piquoit d'un purisme qui, porté à l'excès, devient ridicule. C'est ainsi que ces dames ne pouvoient souffrir un langage grossier et incorrect dans leurs valets, et s'élevoient contre les termes de pratique dont on étoit obligé de se servir dans leurs affaires. Oubliant que la grammaire n'est qu'un instrument pour quiconque a du talent, et que ce n'est pas en l'approfondissant qu'on parvient à bien écrire, elles pensoient que cette science l'emportoit en littérature sur toutes les autres, et jugeoient, comme Philaminte, que tout devoit y être soumis.

> La grammaire qui sait régenter jusqu'aux rois,
> Et les fait, la main haute, obéir à ses lois.

Elles prétendoient aussi, comme on l'a tenté plusieurs fois de nos jours, de faire des changemens dans la langue : leurs spéculations, si bien développées par Molière, sont pleines de sel et de comique ; et l'on ne peut s'étonner assez que quelques grammairiens modernes ne s'en soient pas souvenus quand ils ont proposé des réformes du même genre. Ignoroient-ils que leurs systèmes devenoient plus ridicules à une époque où la langue étoit fixée par une multitude de chefs-d'œuvre, qu'à l'époque où Molière peignit les *Femmes savantes* ? Cependant ils ne craignoient pas, dans leurs préfaces, de parler comme Armande :

> Pour la langue, on verra dans peu nos règlements,
> Et nous y prétendons faire des remûments.

Par une suite de cette envie de se distinguer en tout, les Femmes savantes témoignoient beaucoup d'admiration pour ceux qui savoient le grec. Molière, en faisant paroître Vadius, ne manque pas de s'étendre sur ce travers : *Ah ! pour l'amour du grec, souffrez qu'on vous embrasse*, lui dit Philaminte. On auroit le plus grand tort d'en conclure que Molière avoit peu d'estime pour les hellénistes : il ne s'élevoit que contre ces pédants toujours prêts à citer du grec devant des personnes peu instruites, et surtout devant des femmes. Il avoit la plus grande estime pour les véritables savants : Boileau, son ami le plus intime, avoit, comme on sait, approfondi les secrets de la langue grecque, et cette étude si utile avoit occupé les loisirs de Racine, et de tous les littérateurs célèbres du dix-septième siècle.

A ces travers des Femmes savantes Molière oppose deux caractères fort différents : Chrysale, bourgeois riche, mais dont l'éducation a été peu cultivée; et Clitandre, courtisan du meilleur ton, qui nous représente l'homme aimable de la cour de Louis XIV. Ariste, personnage fort raisonnable, et du genre de ceux que Molière met en présence des caractères foibles et passionnés, n'entre pas dans les discussions relatives aux ridicules de Philaminte et de Bélise : il n'est là que pour servir d'appui au foible Chrysale.

Ce personnage, l'un des plus comiques que Molière ait mis en scène, se montre indécis lorsqu'il s'agit du bonheur de sa fille, tremble devant sa femme : mais il est dur et impérieux quand il parle à des personnes dont il est sûr d'être obéi. Dans un moment d'humeur, il s'élève avec une naïveté brusque contre les goûts de sa femme et de sa sœur ; mais, par une tournure admirable, ce n'est qu'à cette dernière qu'il paroît s'adresser. Il lui rappelle de la manière la plus piquante les anciennes mœurs, et lui cite un exemple qui vient très à propos :

> Nos pères sur ce point étoient gens bien sensés,
> Qui disoient qu'une femme en sait toujours assez,
> Quand la capacité de son esprit se hausse
> A connoître un pourpoint d'avec un haut-de-chausse.

On croira difficilement que cette opinion a été celle d'un prince : cependant rien n'est plus vrai. (*) François, duc de Bretagne, fils de Jean V, étoit sur le point d'épouser Isabelle d'Écosse ; on lui dit qu'elle étoit simple et peu instruite : *Je l'en aime mieux*, répondit le duc ; *une femme est assez savante quand elle sait mettre la différence entre la chemise et le pourpoint de son mari.*

Quoique le mot soit très-plaisant, il ne faut pas en conclure que Molière partageât cette opinion ; il la modifie de la manière la plus sage et la plus convenable dans le rôle de Clitandre :

> Je consens qu'une femme ait des clartés de tout ;
> Mais je ne lui veux point la passion choquante

(*) Essais de Montaigne, liv. I, chap. XXIV.

> De se rendre savante afin d'être savante ;
> Et j'aime que souvent, aux questions qu'on fait,
> Elle sache ignorer les choses qu'elle sait :
> De son étude enfin je veux qu'elle se cache,
> Et qu'elle ait du savoir sans vouloir qu'on le sache,
> Sans citer les auteurs, sans dire de grands mots,
> Et clouer de l'esprit à ses moindres propos.

On ne peut trop admirer cette mesure parfaite qui distingue Molière toutes les fois qu'il laisse percer son opinion : il trace ici le portrait d'une femme accomplie ; c'est celui d'Henriette sur lequel on voit qu'il a pris plaisir à répandre tous les charmes qui peuvent embellir une jeune personne.

Martine, servante grossière, mais pleine de bon sens, est encore opposée avec beaucoup d'art aux Femmes savantes : en passant toutes les bornes, elle les indique ; et l'on peut regarder comme un trait de génie sa situation au cinquième acte, où elle parle au nom de Chrysale, et soutient si bien les droits des maris.

Plusieurs personnes ont blâmé Molière d'avoir joué publiquement l'abbé Cotin : nous avouerons qu'en cela il est inexcusable. Mais n'a-t-on pas poussé trop loin les reproches ? Tout ce qui est odieux dans la pièce ne peut s'appliquer à Cotin, puisqu'il s'agit d'un mariage, et qu'il étoit prêtre. Le madrigal et le sonnet sont de lui, il est vrai : mais n'a-t-on pas toujours regardé comme permis de critiquer sur le théâtre des vers ridicules ? D'ailleurs Molière, avant la première représentation, prononça un discours dans lequel il chercha à prévenir les allusions trop malignes que pourroit faire le public. Cotin devoit se contenter de cette espèce de désaveu, et imiter Ménage, qui fut beaucoup plus sage que lui (*).

On a vu, dans le Discours préliminaire, que la première scène de la pièce est une critique très-ingénieuse des trois discours qui furent prononcés à l'Académie française sur l'amour spirituel et sur l'amour corporel. Dans la combinaison des rôles des deux sœurs, Molière a en même temps pris plaisir à retracer une anecdote de sa jeunesse : on aime à retrouver de pareils souvenirs dans les chefs-d'œuvre des poëtes (**). Pendant qu'il étoit à Lyon, deux femmes attirèrent successivement ses regards : mademoiselle Du Parc, belle et orgueilleuse, mademoiselle De Brie, douce et jolie : rebuté par les dédains de la première, il s'adressa à la seconde, qui fut plus sensible à ses soins. Alors mademoiselle Du Parc voulut reprendre ses droits sur lui ; mais il n'étoit plus temps. Il paroît que Molière lui répondit comme Clitandre ; et l'extrême vérité qui règne dans ce libre aveu, ne laisse guère lieu d'en douter :

> Mon amour et mes vœux sont tous de ce côté.
> Qu'à nulle émotion cet aveu ne vous porte ;
> Vous avez bien voulu les choses de la sorte.
> Vos attraits m'avoient pris, et mes tendres soupirs
> Vous ont assez prouvé l'ardeur de mes désirs :
> Mon cœur vous consacroit une flamme immortelle ;
> Mais vos yeux n'ont pas cru leur conquête assez belle.
> J'ai souffert sous leur joug cent mépris différents ;
> Ils régnoient sur mon cœur en superbes tyrans ;

(*) Voyez Discours préliminaire.
(**) Voyez Vie de Molière.

> Et je me suis cherché, lassé de tant de peines,
> Des vainqueurs plus humains, et de moins rudes chaînes.
> Je les ai rencontrés, madame, dans ces yeux;
> Et leurs traits à jamais me seront précieux.

Un mois après la mort de Molière, le Père Rapin envoya LES FEMMES SAVANTES au comte de Bussy, alors retiré en Bourgogne. On sait que ce gentilhomme, qui, par ses imprudences et ses indiscrétions, mérita la disgrâce de Louis XIV, écrivoit très-bien, et fut l'un des premiers académiciens. Le comte trouva la pièce excellente : il se permit cependant quelques critiques qu'il est utile d'examiner. « Le personnage de Bélise, dit Bussy, » est une foible copie d'une des femmes de la » comédie des VISIONNAIRES ; il y en a d'assez » folles pour croire que tout le monde est amou- » reux d'elles ; mais il n'y en a point qui entre- » prennent de le persuader à quelqu'un malgré » lui. » Cette critique ne paroît nullement fondée : en effet, dans la quatrième scène du premier acte, Clitandre, en commençant l'entretien, s'exprime de manière à faire présumer à Bélise que c'est elle qu'il a en vue : il est tout naturel qu'avec ses idées romanesques elle persiste dans cette opinion, malgré tous les désaveux du jeune homme. Hespérie, qui est le personnage des VISIONNAIRES dont parle Bussy, n'a aucun rapport avec la tante d'Henriette : c'est une folle décidée, qui s'imagine que le roi d'Éthopie est venu pour la voir, et qu'il est amoureux d'elle.

Bussy critique ensuite la conduite de Philaminte avec Martine : cette scène, qui est une des

plus fortes de l'ouvrage, n'a pas besoin d'être défendue. « Il n'est pas naturel, poursuit-il, que
» cette servante, après avoir dit mille méchants
» mots, comme elle en doit dire, en dise de fort
» bons et d'extraordinaires, comme quand Mar-
» tine dit :

>L'esprit n'est point du tout ce qu'il faut en ménage;
>Les livres cadrent mal avec le mariage.

» Il n'y a point de jugement à faire dire le mot
» *cadrer* par une servante qui parle fort mal,
» quoiqu'elle puisse avoir du bon sens. » Cette critique est encore moins fondée que l'autre : on conçoit facilement que Martine, qui est depuis long-temps avec des Femmes savantes, ait retenu quelques mots de leur langage, et les emploie, sans y penser, quand l'occasion s'en présente.

Molière consultoit souvent Boileau, qui revit les Femmes savantes avec le plus grand soin : cette pièce lui paroissoit un des chefs-d'œuvre de son ami. Il lui fit retoucher plusieurs morceaux, et s'occupa quelquefois lui-même de ces corrections. On a retenu une de ces dernières, qui, quoique peu importante, montre le goût de cet excellent poëte. Molière, dans la première scène du premier acte, avoit fait dire à Armande :

>Quand sur une personne on prétend s'ajuster,
>C'est par les beaux côtés qu'il la faut imiter.

Boileau corrigea ainsi ces vers :

>Quand sur une personne on prétend se régler,
>C'est par les beaux côtés qu'il lui faut ressembler.

Molière travailla plusieurs années aux Femmes

SAVANTES : on voit, par l'excellente combinaison de l'intrigue, par le développement des caractères, qu'il médita long-temps ce sujet, en apparence stérile, et devenu si fécond dans ses mains. Un autre motif le porta encore à différer de donner cette pièce au public. L'hôtel de Rambouillet avoit conservé beaucoup d'influence : il étoit à craindre qu'une peinture aussi forte ne soulevât contre lui une cabale dangereuse : la prudence lui conseilla de ne pas trop se hâter de triompher d'un parti qui de lui-même s'affoiblissoit tous les jours. Enfin madame de Montausier, qui, par son crédit et son mérite, soutenoit cette société, étant morte en 1671, Molière donna LES FEMMES SAVANTES ; et le succès n'éprouva aucun obstacle ni à la cour, ni à la ville.

LA COMTESSE

D'ESCARBAGNAS;

COMÉDIE

EN UN ACTE ET EN PROSE,

Représentée à Saint-Germain-en-Laye, au mois de décembre 1671; et à Paris, sur le théâtre du Palais-Royal, le 8 juillet 1672.

PERSONNAGES.

LA COMTESSE D'ESCARBAGNAS.
LE COMTE, fils de la comtesse d'Escarbagnas.
LE VICOMTE, amant de Julie.
JULIE, amante du vicomte.
MONSIEUR TIBAUDIER, conseiller, amant de la comtesse.
MONSIEUR HARPIN, receveur des tailles, autre amant de la comtesse.
MONSIEUR BOBINET, précepteur de M. le comte.
ANDRÉE, suivante de la comtesse.
JEANNOT, valet de M. Tibaudier.
CRIQUET, valet de la comtesse.

La scène est à Angoulême.

LA COMTESSE D'ESCARBAGNAS.

SCÈNE I.
JULIE, LE VICOMTE.

LE VICOMTE.

Hé quoi! madame, vous êtes déjà ici?

JULIE.

Oui. Vous en devriez rougir, Cléante; et il n'est guère honnête à un amant de venir le dernier au rendez-vous.

LE VICOMTE.

Je serois ici il y a une heure, s'il n'y avoit point de fâcheux au monde; et j'ai été arrêté en chemin par un vieux importun de qualité, qui m'a demandé tout exprès des nouvelles de la cour pour trouver moyen de m'en dire des plus extravagantes qu'on puisse débiter; et c'est là, comme vous savez, le fléau des petites villes, que ces grands nouvellistes qui cherchent partout où répandre les contes qu'ils ramassent. Celui-ci m'a montré d'abord deux feuilles de papier pleines jusqu'aux bords d'un grand fatras de balivernes, qui viennent, m'a-t-il dit, de l'endroit le plus sûr du monde. Ensuite, comme d'une chose fort curieuse, il m'a fait avec grand mystère une fatiguante lecture de toutes les méchantes plaisanteries de la gazette de Hollande, dont il épouse les intérêts. Il tient que la France est battue en ruine par la plume de cet écrivain, et qu'il ne faut que ce bel esprit pour défaire toutes nos troupes ; et de là s'est jeté à corps perdu dans le raisonnement du ministère (*), dont il remarque tous les défauts, et dont j'ai cru qu'il ne sortiroit point. A l'entendre parler, il sait les secrets du cabinet mieux que ceux qui les font. La politique de l'État lui laisse voir tous ses desseins ; et elle ne fait pas un pas dont il ne pénètre les intentions. Il nous apprend les ressorts cachés de tout ce qui se fait, nous découvre les vues de la prudence de nos voisins, et remue à sa fantaisie toutes les affaires de l'Europe. Ses intelligences même s'étendent jusqu'en Afrique et en Asie ; et il est informé de tout ce qui s'agite dans le conseil d'en-haut du Prêtre-Jean, et du Grand-Mogol.

JULIE.

Vous parez votre excuse du mieux que vous pouvez, afin de la rendre agréable, et faire qu'elle soit plus aisément reçue.

LE VICOMTE.

C'est là, belle Julie, la véritable cause de mon retardement : et si je voulois y donner une excuse galante, je n'aurois qu'à vous dire que le

---

(*) *Il s'est jeté dans le raisonnement du ministère ;* expression qui *signifioit alors discuter l'administration des ministres.*

rendez-vous que vous voulez prendre peut autoriser la paresse dont vous me querellez ; que m'engager à faire l'amant de la maîtresse du logis, c'est me mettre en état de craindre de me trouver ici le premier ; que cette feinte où je me force n'étant que pour vous plaire, j'ai lieu de ne vouloir en souffrir la contrainte que devant les yeux qui s'en divertissent ; que j'évite le tête-à-tête avec cette comtesse ridicule dont vous m'embarrassez ; et, en un mot, que, ne venant ici que pour vous, j'ai toutes les raisons du monde d'attendre que vous y soyez.

JULIE.

Nous savons bien que vous ne manquerez jamais d'esprit pour donner de belles couleurs aux fautes que vous pourrez faire. Cependant, si vous étiez venu une demi-heure plus tôt, nous aurions profité de tous ces moments ; car j'ai trouvé en arrivant que la comtesse étoit sortie, et je ne doute point qu'elle ne soit allée par la ville se faire honneur de la comédie que vous me donnez sous son nom.

LE VICOMTE.

Mais tout de bon, madame, quand voulez-vous mettre fin à cette contrainte, et me faire moins acheter le bonheur de vous voir ?

JULIE.

Quand nos parents pourront être d'accord ; ce que je n'ose espérer. Vous savez, comme moi, que les démêlés de nos deux familles ne nous permettent point de nous voir autre part, et que mes frères, non plus que votre père, ne sont pas assez raisonnables pour souffrir notre attachement.

LE VICOMTE.

Mais pourquoi ne pas mieux jouir du rendez-vous que leur inimitié nous laisse, et me contraindre à perdre en une sotte feinte les moments que j'ai près de vous ?

JULIE.

Pour mieux cacher notre amour. Et puis, à vous dire la vérité, cette feinte dont vous parlez m'est une comédie fort agréable ; et je ne sais si celle que vous me donnez aujourd'hui nous divertira davantage. Notre comtesse d'Escarbagnas, avec son perpétuel entêtement de qualité (*), est un aussi bon personnage qu'on en puisse mettre sur le théâtre. Le petit voyage qu'elle a fait à Paris l'a ramenée dans Angoulême plus achevée qu'elle n'étoit. L'approche de l'air de la cour a donné à son ridicule de nouveaux agréments ; et sa sottise tous les jours ne fait que croître et embellir.

LE VICOMTE.

Oui ; mais vous ne considérez pas que le jeu qui vous divertit tient mon cœur au supplice, et qu'on n'est point capable de se jouer long-temps, lorsqu'on a dans l'esprit une passion aussi sérieuse que celle que je sens pour vous. Il est cruel, belle Julie, que cet amusement dérobe à mon amour

---

(*) *Qualité* est là pour *noblesse*.

un temps qu'il voudroit employer à vous expliquer son ardeur ; et cette nuit j'ai fait là-dessus quelques vers que je ne puis m'empêcher de vous réciter sans que vous me le demandiez, tant la démangeaison de dire ses ouvrages est un vice attaché à la qualité de poëte :

C'est trop long-temps, Iris, me mettre à la torture.

Iris, comme vous le voyez, est mis pour Julie.

C'est trop long-temps, Iris, me mettre à la torture;
Et si je suis vos lois, je les blâme tout bas.
De me forcer à taire un tourment que j'endure,
Pour déclarer un mal que je ne ressens pas.

Faut-il que vos beaux yeux, à qui je rends les armes,
Veuillent se divertir de mes tristes soupirs!
Et n'est-ce pas assez de souffrir pour vos charmes,
Sans me faire souffrir encor pour vos plaisirs?

C'en est trop à la fois que ce double martyre;
Et ce qu'il me faut taire, et ce qu'il me faut dire,
Exerce sur mon cœur pareille cruauté :

L'amour le met en feu, la contrainte le tue,
Et, si par la pitié vous n'êtes combattue,
Je meurs et de la feinte et de la vérité.

JULIE.

Je vois que vous vous faites là bien plus maltraité que vous n'êtes ; mais c'est une licence que prennent messieurs les poëtes de mentir de gaieté de cœur, et de donner à leurs maîtresses des cruautés qu'elles n'ont pas, pour s'accommoder aux pensées qui leur peuvent venir. Cependant je serai bien aise que vous me donniez ces vers par écrit.

LE VICOMTE.

C'est assez de vous les avoir dits, et je dois en

demeurer là. Il est permis d'être parfois assez fou pour faire des vers, mais non pour vouloir qu'ils soient vus.

JULIE.

C'est en vain que vous vous retranchez sur une fausse modestie ; on sait dans le monde que vous avez de l'esprit ; et je ne vois pas la raison qui vous oblige à cacher les vôtres.

LE VICOMTE.

Mon Dieu ! madame, marchons là-dessus, s'il vous plaît, avec beaucoup de retenue ; il est dangereux dans le monde de se mêler d'avoir de l'esprit. Il y a là-dedans un certain ridicule qu'il est facile d'attraper, et nous avons de nos amis qui me font craindre leur exemple.

JULIE.

Mon Dieu ! Cléante, vous avez beau dire, je vois avec tout cela que vous mourez d'envie de me les donner ; et je vous embarrasserois si je faisois semblant de ne m'en pas soucier.

LE VICOMTE.

Moi, madame ? vous vous moquez ; et je ne suis pas si poëte que vous pourriez bien croire, pour... Mais voici votre madame la comtesse d'Escarbagnas. Je sors par l'autre porte pour ne la point trouver, et je vais disposer tout mon monde au divertissement que je vous ai promis.

SCÈNE II.
LA COMTESSE, JULIE; ANDRÉE ET CRIQUET, DANS LE FOND DU THÉATRE.

LA COMTESSE.
Ah! mon Dieu! madame, vous voilà toute seule! Quelle pitié est-ce là! Toute seule! Il me semble que mes gens m'avoient dit que le vicomte étoit ici.

JULIE.
Il est vrai qu'il y est venu, mais c'est assez pour lui de savoir que vous n'y étiez pas, pour l'obliger à sortir.

LA COMTESSE.
Comment! il vous a vue!

JULIE.
Oui.

LA COMTESSE.
Et il ne vous a rien dit?

JULIE.
Non, madame; et il a voulu témoigner par-là qu'il est tout entier à vos charmes.

LA COMTESSE.
Vraiment, je le veux quereller de cette action. Quelque amour que l'on ait pour moi, j'aime que ceux qui m'aiment rendent ce qu'ils doivent au sexe; et je ne suis point de l'humeur de ces femmes injustes qui s'applaudissent des incivilités que leurs amants font aux autres belles.

JULIE.
Il ne faut point, madame, que vous soyez sur-

prise de son procédé. L'amour que vous lui donnez éclate dans toutes ses actions, et l'empêche d'avoir des yeux que pour vous.

LA COMTESSE.

Je crois être en état de pouvoir faire naître une passion assez forte, et je me trouve pour cela assez de beauté, de jeunesse, et de qualité, Dieu merci ; mais cela n'empêche pas qu'avec ce que j'inspire on ne puisse garder de l'honneur et de la complaisance pour les autres. (Apercevant Criquet.) Que faites-vous donc là, laquais ? Est-ce qu'il n'y a pas une antichambre où se tenir, pour venir quand on vous appelle ? Cela est étrange qu'on ne puisse avoir en province un laquais qui sache son monde ! A qui est-ce donc que je parle ? Voulez-vous donc vous en aller là-dehors, petit fripon ?

SCÈNE III.

LA COMTESSE, JULIE, ANDRÉE.

LA COMTESSE, à Andrée.

Fille, approchez.

ANDRÉE.

Que vous plaît-il, madame ?

LA COMTESSE.

Otez-moi mes coiffes. Doucement donc, maladroite : comme vous me saboulez la tête avec vos mains pesantes !

ANDRÉE.

Je fais, madame, le plus doucement que je puis;

SCÈNE III.

LA COMTESSE.

Oui ; mais le plus doucement que vous pouvez est fort rudement pour ma tête, et vous me l'avez déboîtée. Tenez encore ce manchon. Ne laissez point traîner tout cela, et portez-le dans ma garde-robe. Hé bien ! où va-t-elle ? où va-t-elle ? que veut-elle faire, cet oison bridé ?

ANDRÉE.

Je veux, madame, comme vous m'avez dit, porter cela aux gardes-robes.

LA COMTESSE.

Ah ! mon Dieu ! l'impertinente ! (A Julie.) Je vous demande pardon, madame. (A Andrée.) Je vous ai dit ma garde-robe, grosse-bête, c'est-à-dire où sont mes habits.

ANDRÉE.

Est-ce, madame, qu'à la cour une armoire s'appelle une garde-robe ?

LA COMTESSE.

Oui, butorde ; on appelle ainsi le lieu où l'on met les habits.

ANDRÉE.

Je m'en ressouviendrai, madame, aussi-bien que de votre grenier qu'il faut appeler garde-meuble.

SCÈNE IV.

LA COMTESSE, JULIE.

LA COMTESSE.

Quelle peine il faut prendre pour instruire ces animaux-là !

JULIE.

Je les trouve bien heureux, madame, d'être sous votre discipline.

LA COMTESSE.

C'est une fille de ma mère nourrice que j'ai mise à la chambre, et elle est toute neuve encore.

JULIE.

Cela est d'une belle âme, madame; et il est glorieux de faire ainsi des créatures.

LA COMTESSE.

Allons, des siéges. Holà, laquais! laquais! laquais! En vérité, voilà qui est violent de ne pouvoir pas avoir un laquais pour donner des siéges! Filles! laquais! laquais! filles! quelqu'un! Je pense que tous mes gens sont morts, et que nous serons contraintes de nous donner des siéges nous-mêmes.

SCÈNE V.

LA COMTESSE, JULIE, ANDRÉE.

ANDRÉE.

Que voulez-vous, madame?

LA COMTESSE.

Il se faut bien égosiller avec vous autres!

ANDRÉE.

J'enfermois votre manchon et vos coiffes dans votre armoi... dis-je, dans votre garde-robe.

LA COMTESSE.

Appelez-moi ce petit fripon de laquais.

SCÈNE V.

ANDRÉE.

Holà, Criquet!

LA COMTESSE.

Laissez là votre Criquet, bouvière; et appelez, Laquais!

ANDRÉE.

Laquais donc, et non pas Criquet, venez parler à madame. Je pense qu'il est sourd. Criq... Laquais! laquais!

SCÈNE VI.
LA COMTESSE, JULIE, ANDRÉE, CRIQUET.

CRIQUET.

Plaît-il?

LA COMTESSE.

Où étiez-vous donc, petit coquin?

CRIQUET.

Dans la rue, madame.

LA COMTESSE.

Et pourquoi dans la rue?

CRIQUET.

Vous m'avez dit d'aller là-dehors.

LA COMTESSE.

Vous êtes un petit impertinent, mon ami; et vous devez savoir que là-dehors, en termes de personnes de qualité, veut dire l'antichambre. Andrée, ayez soin tantôt de faire donner le fouet à ce petit fripon-là par mon écuyer; c'est un petit incorrigible.

####### ANDRÉE.

Qu'est-ce que c'est, madame, que votre écuyer? Est-ce maître Charles que vous appelez comme cela?

####### LA COMTESSE.

Taisez-vous, sotte que vous êtes; vous ne sauriez ouvrir la bouche que vous ne disiez une impertinence. (A Criquet.) Des siéges. (A Andrée.) Et vous, allumez deux bougies dans mes flambeaux d'argent; il se fait déjà tard. Qu'est-ce que c'est donc, que vous me regardez tout effarée?

####### ANDRÉE.

Madame...

####### LA COMTESSE.

Hé bien! madame! Qu'y a-t-il?

####### ANDRÉE.

C'est que...

####### LA COMTESSE.

Quoi?

####### ANDRÉE.

C'est que je n'ai point de bougies.

####### LA COMTESSE.

Comment! vous n'en avez point?

####### ANDRÉE.

Non, madame, si ce n'est des bougies de suif.

####### LA COMTESSE.

La bouvière! Et où est donc la cire que je fis acheter ces jours passés?

####### ANDRÉE.

Je n'en ai point vu depuis que je suis céans.

SCÈNE VI.

LA COMTESSE.

Otez-vous de là, insolente. Je vous renvoierai chez vos parents. Apportez-moi un verre d'eau.

SCÈNE VII.

LA COMTESSE ET JULIE, FAISANT DES CÉRÉMONIES POUR S'ASSEOIR.

LA COMTESSE.

Madame !

JULIE.

Madame !

LA COMTESSE.

Ah ! madame !

JULIE.

Ah ! madame !

LA COMTESSE.

Mon Dieu ! madame !

JULIE.

Mon Dieu ! madame !

LA COMTESSE.

Oh ! madame !

JULIE.

Oh ! madame !

LA COMTESSE.

Hé ! madame !

JULIE.

Hé ! madame !

LA COMTESSE.

Hé ! allons donc, madame !

JULIE.

Hé ! allons donc, madame !

LA COMTESSE.

Je suis chez moi, madame. Nous sommes demeurées d'accord de cela. Me prenez-vous pour une provinciale, madame ?

JULIE.

Dieu m'en garde, madame !

SCÈNE VIII.

LA COMTESSE, JULIE; ANDRÉE, APPORTANT UN VERRE D'EAU; CRIQUET.

LA COMTESSE, à Andrée.

ALLEZ, impertinente, je bois avec une soucoupe. Je vous dis que vous m'alliez quérir une soucoupe pour boire.

ANDRÉE.

Criquet, qu'est-ce que c'est qu'une soucoupe ?

CRIQUET.

Une soucoupe ?

ANDRÉE.

Oui.

CRIQUET.

Je ne sais.

LA COMTESSE, à Andrée.

Vous ne grouillez pas ?

ANDRÉE.

Nous ne savons tous deux, madame, ce que c'est qu'une soucoupe.

LA COMTESSE.

Apprenez que c'est une assiette sur laquelle on met le verre.

SCÈNE IX.
LA COMTESSE, JULIE.

LA COMTESSE.

Vive Paris, pour être bien servie ! on vous entend là au moindre coup-d'œil.

SCÈNE X.
LA COMTESSE, JULIE ; ANDRÉE, APPORTANT UN VERRE D'EAU AVEC UNE ASSIETTE DESSUS ; CRIQUET.

LA COMTESSE.

Hé bien ! vous ai-je dit comme cela, tête de bœuf ? C'est dessous qu'il faut mettre l'assiette.

ANDRÉE.

Cela est bien aisé. (Andrée casse le verre en le posant sur l'assiette.)

LA COMTESSE.

Hé bien ! ne voilà pas l'étourdie ! En vérité, vous me paierez mon verre.

ANDRÉE.

Hé bien ! oui, madame, je le paierai.

LA COMTESSE.

Mais voyez cette maladroite, cette bouvière, cette butorde ! cette...

ANDRÉE, s'en allant.

Dame ! madame, si je le paye, je ne veux point être querellée.

LA COMTESSE.

Otez-vous de devant mes yeux.

7*

SCÈNE XI.

LA COMTESSE, JULIE.

LA COMTESSE.

En vérité, madame, c'est une chose étrange que les petites villes! on n'y sait point du tout son monde; et je viens de faire deux ou trois visites, où ils ont pensé me désespérer par le peu de respect qu'ils rendent à ma qualité.

JULIE.

Où auroient-ils appris à vivre? ils n'ont point fait de voyage à Paris.

LA COMTESSE.

Ils ne laisseroient pas de l'apprendre, s'ils vouloient écouter les personnes : mais le mal que j'y trouve, c'est qu'ils veulent en savoir autant que moi qui ai été deux mois à Paris, et vu toute la cour.

JULIE.

Les sottes gens que voilà !

LA COMTESSE.

Ils sont insupportables avec les impertinentes égalités dont ils traitent les gens. Car enfin il faut qu'il y ait de la subordination dans les choses : et ce qui me met hors de moi, c'est qu'un gentilhomme de ville de deux jours ou de deux cents ans aura l'effronterie de dire qu'il est aussi-bien gentilhomme que feu monsieur mon mari, qui demeuroit à la campagne, qui avoit meute de chiens courants, et qui prenoit la qualité de comte dans tous les contrats qu'il passoit.

SCÈNE XI.

JULIE.

On sait bien mieux vivre à Paris dans ces hôtels dont la mémoire doit être si chère. Cet hôtel de Mouhy, madame, cet hôtel de Lyon, cet hôtel de Hollande, les agréables demeures que voilà !

LA COMTESSE.

Il est vrai qu'il y a bien de la différence de ces lieux-là a tout ceci. On y voit venir du beau monde, qui ne marchande point à vous rendre tous les respects qu'on sauroit souhaiter. On ne se lève pas, si l'on veut, de dessus son siége ; et lorsque l'on veut voir la revue ou le grand ballet de Psyché, on est servi à point nommé.

JULIE.

Je pense, madame, que, durant votre séjour à Paris, vous avez fait bien des conquêtes de qualité.

LA COMTESSE.

Vous pouvez bien croire, madame, que tout ce qui s'appelle les galants de la cour n'a pas manqué de venir à ma porte et de m'en conter ; et je garde dans ma cassette de leurs billets qui peuvent faire voir quelles propositions j'ai refusées. Il n'est pas nécessaire de vous dire leurs noms : on sait ce qu'on veut dire par les galants de la cour.

JULIE.

Je m'étonne, madame, que, de tous ces grands noms que je devine, vous ayez pu redescendre à un monsieur Tibaudier le conseiller, et à un monsieur Harpin le receveur des tailles. La chute est grande, je vous l'avoue ; car pour monsieur votre vicomte, quoique vicomte de province, c'est toujours un vicomte, et il peut faire un voyage à Paris, s'il n'en a point fait ; mais un conseiller et un receveur sont des amants un peu bien minces pour une grande comtesse comme vous.

LA COMTESSE.

Ce sont gens qu'on ménage dans les provinces pour le besoin qu'on en peut avoir ; ils servent au moins à remplir les vides de la galanterie, à faire nombre de soupirants ; et il est bon, madame, de ne pas laisser un amant seul maître du terrain, de peur que, faute de rivaux, son amour ne s'endorme sur trop de confiance.

JULIE.

Je vous avoue, madame, qu'il y a merveilleusement à profiter de tout ce que vous dites : c'est une école que votre conversation, et j'y viens tous les jours attraper quelque chose.

SCÈNE XII.
LA COMTESSE, JULIE, ANDRÉE, CRIQUET.

CRIQUET, à la Comtesse.

Voilà Jeannot de monsieur le conseiller qui vous demande, madame.

LA COMTESSE.

Hé bien ! petit coquin, voilà encore de vos âneries. Un laquais qui sauroit vivre auroit été parler tout bas à la demoiselle suivante, qui seroit venue dire doucement à l'oreille de sa maîtresse : Madame, voilà le laquais de monsieur un tel qui demande à vous dire un mot ; à quoi la maîtresse auroit répondu, Faites-le entrer.

SCÈNE XIII.

LA COMTESSE, JULIE, ANDRÉE, CRIQUET, JEANNOT.

CRIQUET.

Entrez, Jeannot.

LA COMTESSE.

Autre lourderie ! (A Jeannot.) Qu'y a-t-il, laquais ? Que portes-tu là ?

JEANNOT.

C'est monsieur le conseiller, madame, qui vous souhaite le bonjour, et, auparavant que de venir, veus envoie des poires de son jardin avec ce petit mot d'écrit.

LA COMTESSE.

C'est du bon-chrétien qui est fort beau. Andrée, faites porter cela à l'office.

SCÈNE XIV.

LA COMTESSE, JULIE, CRIQUET, JEANNOT.

LA COMTESSE, donnant de l'argent à Jeannot.

Tiens, mon enfant, voilà pour boire.

JEANNOT.

Oh ! non ! madame.

LA COMTESSE.

Tiens, te dis-je.

JEANNOT.

Mon maître m'a défendu, madame, de rien prendre de vous.

LA COMTESSE.

Cela ne fait rien.

JEANNOT.

Pardonnez-moi, madame.

CRIQUET.

Hé! prenez, Jeannot. Si vous n'en voulez pas, vous me le baillerez.

LA COMTESSE.

Dis à ton maître que je le remercie.

CRIQUET, *à Jeannot qui s'en va.*

Donne-moi donc cela.

JEANNOT.

Oui! quelque sot...!

CRIQUET.

C'est moi qui te l'ai fait prendre.

JEANNOT.

Je l'aurois bien pris sans toi.

LA COMTESSE.

Ce qui me plaît de ce monsieur Tibaudier, c'est qu'il sait vivre avec les personnes de ma qualité, et qu'il est fort respectueux.

SCÈNE XV.

LE VICOMTE, LA COMTESSE, JULIE, CRIQUET.

LE VICOMTE.

Madame, je viens vous avertir que la comédie sera bientôt prête, et que, dans un quart d'heure, nous pouvons passer dans la salle.

LA COMTESSE.

Je ne veux point de cohue, au moins. (A Criquet.) Que l'on dise à mon Suisse qu'il ne laisse entrer personne.

LE VICOMTE.

En ce cas, madame, je vous déclare que je renonce à la comédie ; et je n'y saurois prendre de plaisir lorsque la compagnie n'est pas nombreuse. Croyez-moi ; si vous voulez vous bien divertir, qu'on dise à vos gens de laisser entrer toute la ville.

LA COMTESSE.

Laquais, un siége. (Au Vicomte, après qu'il s'est assis.) Vous voilà venu à propos pour recevoir un petit sacrifice que je veux bien vous faire. Tenez, c'est un billet de monsieur Tibaudier, qui m'envoie des poires. Je vous donne la liberté de le lire tout haut ; je ne l'ai point encore vu.

LE VICOMTE, après avoir lu tout bas le billet.

Voici un billet du beau style, madame, et qui mérite d'être bien écouté.

« Madame, je n'aurois pas pu vous faire le
» présent que je vous envoie, si je ne recueillois

» pas plus de fruit de mon jardin que j'en re-
» cueille de mon amour. »

LA COMTESSE.

Cela vous marque clairement qu'il ne se passe rien entre nous.

LE VICOMTE.

« Les poires ne sont pas encore bien mûres;
» mais elles en cadrent mieux avec la dureté de
» votre âme, qui, par ses continuels dédains,
» ne me promet pas poires molles. Trouvez bon,
» madame, que, sans m'engager dans une énu-
» mération de vos perfections et charmes, qui
» me jetteroit dans un progrès à l'infini, je con-
» clue ce mot en vous faisant considérer que je
» suis d'un aussi franc chrétien que les poires
» que je vous envoie, puisque je rends le bien
» pour le mal; c'est-à-dire, madame, pour
» m'expliquer plus intelligiblement, puisque je
» vous présente des poires de bon-chrétien pour
» des poires d'angoisse que vos cruautés me font
» avaler tous les jours.

» TIBAUDIER,
» votre esclave indigne. »

Voilà, madame, un billet à garder.

LA COMTESSE.

Il y a peut-être quelque mot qui n'est pas de l'académie; mais j'y remarque un certain respect qui me plaît beaucoup.

JULIE.

Vous avez raison, madame; et, monsieur le

vicomte dût-il s'en offenser, j'aimerois un homme qui m'écriroit comme cela.

SCÈNE XVI.

M. TIBAUDIER, LE VICOMTE, LA COMTESSE, JULIE, CRIQUET.

LA COMTESSE.

Approchez, monsieur Tibaudier ; ne craignez point d'entrer. Votre billet a été bien reçu, aussi-bien que vos poires ; et voilà madame qui parle pour vous contre votre rival.

M. TIBAUDIER.

Je suis bien obligé, madame, et si elle a jamais quelque procès en notre siége, elle verra que je n'oublierai pas l'honneur qu'elle me fait de se rendre auprès de vos beautés l'avocat de ma flamme.

JULIE.

Vous n'avez pas besoin d'avocat, monsieur ; et votre cause est juste.

M. TIBAUDIER.

Ce néanmoins, madame, bon droit a besoin d'aide ; et j'ai sujet d'appréhender de me voir supplanté par un tel rival, et que madame ne soit circonvenue par la qualité de vicomte.

LE VICOMTE.

J'espérois quelque chose, monsieur Tibaudier, avant votre billet ; mais il me fait craindre pour mon amour.

M. TIBAUDIER.

Voici encore, madame, deux petits versets ou couplets que j'ai composés à votre honneur et gloire.

LE VICOMTE.

Ah! je ne pensois pas que monsieur Tibaudier fût poëte : et voilà pour m'achever que ces deux petits versets-là...

LA COMTESSE.

Il veut dire deux strophes. (A Criquet.) Laquais, donnez un siége à monsieur Tibaudier. (Bas à Criquet qui apporte une chaise.) Un pliant, petit animal. Monsieur Tibaudier, mettez-vous là, et nous lisez vos strophes.

M. TIBAUDIER.

>Une personne de qualité
>Ravit mon âme :
>Elle a de la beauté,
>J'ai de la flamme ;
>Mais je la blâme
>D'avoir de la fierté.

LE VICOMTE.

Je suis perdu après cela.

LA COMTESSE.

Le premier vers est beau. *Une personne de qualité!*

JULIE.

Je crois qu'il est un peu trop long ; mais on peut prendre une licence pour dire une belle pensée.

LA COMTESSE, à M. Tibaudier.

Voyons l'autre strophe.

SCÈNE XVI.

M. TIBAUDIER.

Je ne sais pas si vous doutez de mon parfait amour;
Mais je sais bien que mon cœur à toute heure
Veut quitter sa chagrine demeure
Pour aller, par respect, faire au vôtre sa cour.
Après cela pourtant, sûr de ma tendresse
Et de ma foi, dont unique est l'espèce,
Vous devriez à votre tour,
Vous contentant d'être comtesse,
Vous dépouiller en ma faveur d'une peau de tigresse
Qui couvre vos appas la nuit comme le jour.

LE VICOMTE.

Me voilà supplanté, moi, par monsieur Tibaudier.

LA COMTESSE.

Ne pensez pas vous moquer : pour des vers faits dans la province, ces vers-là sont fort beaux.

LE VICOMTE.

Comment, madame, me moquer ! Quoique son rival, je trouve ces vers admirables, et ne les appelle pas seulement deux strophes comme vous, mais deux épigrammes, aussi bonnes que toutes celles de Martial.

LA COMTESSE.

Quoi ! Martial fait-il des vers ? Je pensois qu'il ne fît que des gants.

M. TIBAUDIER.

Ce n'est pas ce Martial-là, madame ; c'est un auteur qui vivoit il y a trente ou quarante ans.

LE VICOMTE.

Monsieur Tibaudier a lu les auteurs, comme vous le voyez. Mais allons voir, madame, si ma musique et ma comédie, avec mes entrées de ballet, pourront combattre dans votre esprit les progrès des deux strophes et du billet que nous venons de voir.

LA COMTESSE.

Il faut que mon fils le comte soit de la partie; car il est arrivé ce matin de mon château avec son précepteur que je vois là-dedans.

SCÈNE XVII.

LA COMTESSE, JULIE, LE VICOMTE, M. TIBAUDIER, M. BOBINET, CRIQUET.

LA COMTESSE.

Hola, monsieur Bobinet. Monsieur Bobinet, approchez-vous du monde.

M. BOBINET.

Je donne le bon vêpre (*) à toute l'honorable compagnie. Que désire madame la comtesse d'Escarbagnas de son très-humble serviteur Bobinet?

LA COMTESSE.

A quelle heure, monsieur Bobinet, êtes-vous parti d'Escarbagnas avec mon fils le comte!

M. BOBINET.

A huit heures trois quarts, madame, comme votre commandement me l'avoit ordonné.

(*) *Vêpre.* Autrefois, dans la langue poétique, on employoit les mots *vêpre* ou *vêprée*, pour exprimer *le soir*.

SCÈNE XVII.

LA COMTESSE.

Comment se portent mes deux autres fils, le marquis et le commandeur?

M. BOBINET.

Ils sont, Dieu grâce, madame, en parfaite santé.

LA COMTESSE.

Où est le comte?

M. BOBINET.

Dans votre belle chambre à alcôve, madame.

LA COMTESSE.

Que fait-il, monsieur Bobinet?

M. BOBINET.

Il compose un thème, madame, que je viens de lui dicter sur une épître de Cicéron.

LA COMTESSE.

Faites-le venir, monsieur Bobinet.

M. BOBINET.

Soit fait, madame, ainsi que vous le commandez.

SCÈNE XVIII.

LA COMTESSE, JULIE, LE VICOMTE, M. TIBAUDIER.

LE VICOMTE, à la Comtesse.

Ce monsieur Bobinet, madame, a la mine fort sage; et je crois qu'il a de l'esprit.

SCÈNE XIX.

LA COMTESSE, JULIE, LE VICOMTE, LE COMTE, M. BOBINET, M. TIBAUDIER.

M. BOBINET.

Allons, monsieur le comte, faites voir que vous profitez des bons documents qu'on vous donne. La révérence à toute l'honnête assemblée.

LA COMTESSE, montrant Julie.

Comte, saluez madame, faites la révérence à monsieur le vicomte, saluez monsieur le conseiller.

M. TIBAUDIER.

Je suis ravi, madame, que vous me concédiez la grâce d'embrasser monsieur le comte votre fils. On ne peut pas aimer le tronc, qu'on n'aime aussi les branches.

LA COMTESSE.

Mon Dieu! monsieur Tibaudier, de quelle comparaison vous servez-vous là!

JULIE.

En vérité, madame, monsieur le comte a tout-à-fait bon air.

LE VICOMTE.

Voilà un jeune gentilhomme qui vient bien dans le monde.

JULIE.

Qui diroit que madame eût un si grand enfant?

LA COMTESSE.

Hélas! quand je le fis, j'étois si jeune, que je me jouois encore avec une poupée.

SCÈNE XIX.

JULIE.

C'est monsieur votre frère, et non pas monsieur votre fils.

LA COMTESSE.

Monsieur Bobinet, ayez bien soin au moins de son éducation.

M. BOBINET.

Madame, je n'oublierai aucune chose pour cultiver cette jeune plante dont vos bontés m'ont fait l'honneur de me confier la conduite ; et je tâcherai de lui inculquer les semences de la vertu.

LA COMTESSE.

Monsieur Bobinet, faites-lui un peu dire quelque petite galanterie de ce que vous lui apprenez.

M. BOBINET.

Allons, monsieur le comte, récitez votre leçon d'hier au matin.

LE COMTE.

Omne viro soli quod convenit, esto virile.
Omne vi.....

LA COMTESSE.

Fi ! monsieur Bobinet, quelles sottises est-ce que vous lui apprenez là ?

M. BOBINET.

C'est du latin, madame, et la première règle de Jean Despautère.

LA COMTESSE.

Mon Dieu, ce Jean Despautère-là est un insolent, et je vous prie de lui enseigner du latin plus honnête que celui-là.

M. BOBINET.

Si vous voulez, madame, qu'il achève, la glose expliquera ce que cela veut dire.

LA COMTESSE.

Non, non, cela s'explique assez.

SCÈNE XX.
LA COMTESSE, JULIE, LE VICOMTE, M. TIBAUDIER, LE COMTE, M. BOBINET, CRIQUET.

CRIQUET.

Les comédiens envoient dire qu'ils sont tout prêts.

LA COMTESSE.

Allons nous placer. (Montrant Julie.) Monsieur Tibaudier, prenez madame.

(Criquet range tous les siéges sur un des côtés du théâtre ; la Comtesse, Julie et le Vicomte s'asseyent ; M. Tibaudier s'assied aux pieds de la comtesse.)

LE VICOMTE.

Il est nécessaire de dire que cette comédie n'a été faite que pour lier ensemble les différents morceaux de musique et de danse dont on a voulu composer ce divertissement, et que...

LA COMTESSE.

Mon Dieu! voyons l'affaire. On a assez d'esprit pour comprendre les choses.

LE VICOMTE.

Qu'on commence le plus tôt qu'on pourra ; et qu'on empêche, s'il se peut, qu'aucun fâcheux ne vienne troubler notre divertissement.

(Les violons commencent une ouverture.)

SCÈNE XXI.

LA COMTESSE, JULIE, LE VICOMTE, LE COMTE, M. HARPIN, M. TIBAUDIER, M. BOBINET, CRIQUET.

M. HARPIN.

Parbleu! la chose est belle; et je me réjouis de voir ce que je vois.

LA COMTESSE.

Holà! monsieur le receveur, que voulez-vous donc dire avec l'action que vous faites? Vient-on interrompre, comme cela, une comédie?

M. HARPIN.

Morbleu! madame, je suis ravi de cette aventure; et ceci me fait voir ce que je dois croire de vous, et l'assurance qu'il y a au don de votre cœur et aux serments que vous m'avez faits de sa fidélité.

LA COMTESSE.

Mais vraiment, on ne vient point ainsi se jeter au travers d'une comédie, et troubler un acteur qui parle.

M. HARPIN.

Hé! têtebleu! la véritable comédie qui se fait ici, c'est celle que vous jouez; et si je vous trouble, c'est de quoi je me soucie peu.

LA COMTESSE.

En vérité, vous ne savez ce que vous dites.

M. HARPIN.

Si fait, morbleu! je le sais bien; je le sais bien, morbleu! et...

(M. Bobinet, épouvanté, emporte le Comte, et s'enfuit; il est suivi par Criquet.)

LA COMTESSE.

Hé! fi, monsieur! que cela est vilain de jurer de la sorte!

M. HARPIN.

Hé! ventrebleu! s'il y a quelque chose de vilain, ce ne sont point mes jurements, ce sont vos actions; et il vaudroit bien mieux que vous jurassiez, vous, la tête, la mort et le sang, que de faire ce que vous faites avec monsieur le vicomte.

LE VICOMTE.

Je ne sais pas, monsieur le receveur, de quoi vous vous plaignez; et si...

M. HARPIN, au Vicomte.

Pour vous, monsieur je n'ai rien à vous dire; vous faites bien de pousser votre pointe, cela est naturel. Je ne le trouve point étrange; et je vous demande pardon si j'interromps votre comédie: mais vous ne devez point trouver étrange aussi que je me plaigne de son procédé; et nous avons raison tous deux de faire ce que nous faisons.

LE VICOMTE.

Je n'ai rien à dire à cela, et ne sais point les sujets de plainte que vous pouvez avoir contre madame la comtesse d'Escarbagnas.

LA COMTESSE.

Quand on a des chagrins jaloux, on n'en use

SCÈNE XXI.

point de la sorte; et l'on vient doucement se plaindre à la personne que l'on aime.

M. HARPIN.

Moi, me plaindre doucement?

LA COMTESSE.

Oui. L'on ne vient point crier de dessus un théâtre ce qui se doit dire en particulier.

M. HARPIN.

J'y viens, moi, morbleu! tout exprès : c'est le lieu qu'il me faut ; et je souhaiterois que ce fût un théâtre public, pour vous dire avec plus d'éclat toutes vos vérités.

LA COMTESSE.

Faut-il faire un si grand vacarme pour une comédie que monsieur le vicomte me donne? Vous voyez que monsieur Tibaudier, qui m'aime, en use plus respectueusement que vous.

M. HARPIN.

Monsieur Tibaudier en use comme il lui plaît. Je ne sais pas de quelle façon monsieur Tibaudier a été avec vous ; mais monsieur Tibaudier n'est pas un exemple pour moi, et je ne suis point d'humeur à payer les violons pour faire danser les autres.

LA COMTESSE.

Mais vraiment, monsieur le receveur, vous ne songez pas à ce que vous dites. On ne traite point de la sorte les femmes de qualité; et ceux qui vous entendent croiroient qu'il y a quelque chose d'étrange entre vous et moi.

M. HARPIN.

Hé ! ventrebleu ! madame, quittons la faribole.

LA COMTESSE.

Que voulez-vous donc dire avec votre Quittons la faribole ?

M. HARPIN.

Je veux dire que je ne trouve point étrange que vous vous rendiez au mérite de monsieur le Vicomte ; vous n'êtes pas la première femme qui joue dans le monde de ces sortes de caractères, et qui ait auprès d'elle un monsieur le receveur dont on lui voit trahir et la passion et la bourse pour le premier venu qui lui donnera dans la vue. Mais ne trouvez point étrange aussi que je ne sois point la dupe d'une infidélité si ordinaire aux coquettes du temps, et que je vienne vous assurer, devant bonne compagnie, que je romps commerce avec vous, et que monsieur le receveur ne sera plus pour vous monsieur le donneur.

LA COMTESSE.

Cela est merveilleux ! Comme les amants emportés deviennent à la mode ! on ne voit autre chose de tous côtés. Là, là, monsieur le receveur, quittez votre colère, et venez prendre place pour voir la comédie.

M. HARPIN.

Moi, morbleu ! prendre place ! (Montrant M. Tibaudier.) Cherchez vos benêts à vos pieds. Je vous laisse, madame la comtesse, à monsieur le vicomte ; et ce sera à lui que j'enverrai tantôt vos lettres,

SCÈNE XXI.

Voilà ma scène faite, voilà mon rôle joué. Serviteur à la compagnie.

M. TIBAUDIER.

Monsieur le receveur, nous nous verrons autre part qu'ici, et je vous ferai voir que je suis au poil et à la plume.

HARPIN, en sortant.

Tu as raison, monsieur Tibaudier.

LA COMTESSE.

Pour moi, je suis confuse de cette insolence.

LE VICOMTE.

Les jaloux, madame, sont comme ceux qui perdent leur procès ; ils ont permission de tout dire. Prêtons silence à la comédie.

SCÈNE XXII.

LA COMTESSE, LE VICOMTE, JULIE, M. TIBAUDIER, JEANNOT.

JEANNOT, au Vicomte.

Voilà un billet, monsieur, qu'on nous a dit de vous donner vite.

LE VICOMTE, lisant.

« En cas que vous ayez quelque mesure à pren-
» dre, je vous envoie promptement un avis. La
» querelle de vos parents et de ceux de Julie vient
» d'être accommodée ; et les conditions de cet
» accord, c'est le mariage de vous et d'elle.
» Bonsoir. »

(A Julie.)

Ma foi, madame, voilà notre comédie achevée aussi.

(Le Vicomte, la Comtesse, Julie, et M. Tibaudier, se lèvent.)

JULIE.

Ah! Cléante! quel bonheur! notre amour eût-il osé espérer un si heureux succès?

LA COMTESSE.

Comment donc! Qu'est-ce que cela veut dire?

LE VICOMTE.

Cela veut dire, madame, que j'épouse Julie : et, si vous m'en croyez, pour rendre la comédie complète de tout point, vous épouserez monsieur Tibaudier, et donnerez mademoiselle Andrée à son laquais, dont il fera son valet de chambre.

LA COMTESSE.

Quoi! jouer de la sorte une personne de ma qualité!

LE VICOMTE.

C'est sans vous offenser, madame; et les comédies veulent de ces sortes de choses.

LA COMTESSE.

Oui, monsieur Tibaudier, je vous épouse pour faire enrager tout le monde.

M. TIBAUDIER.

Ce m'est bien de l'honneur, madame.

LE VICOMTE, à la Comtesse.

Souffrez, madame, qu'en enrageant nous puissions voir ici le reste du spectacle.

FIN DE LA COMTESSE D'ESCARBAGNAS.

RÉFLEXIONS

SUR

LA COMTESSE D'ESCARBAGNAS.

Molière, dans ses voyages, avoit observé avec soin les mœurs des provinces : il est à présumer que, s'il eût vécu plus long-temps, il se seroit exercé sur cette matière, qui étoit alors très-féconde : la Comtesse d'Escarbagnas est une esquisse de ce grand tableau.

De nos jours il y a moins de différences entre les mœurs des provinces et celles de la capitale que dans le dix-septième siècle : alors les communications étoient plus difficiles ; on voyageoit rarement, et le goût du luxe et des plaisirs, beaucoup moins répandu qu'aujourd'hui, n'attiroit pas à Paris un si grand nombre d'étrangers. De là nécessairement, dans les provinces, plus de ces défauts et de ces ridicules qui tiennent à l'isolement et à l'inexpérience ; moins de ces manières naturelles et polies qui distinguent les hommes bien élevés de tous les pays.

Cependant les provinces offrent encore aujourd'hui plusieurs traits caractéristiques qui se trouvent dans la Comtesse d'Escarbagnas. Il est facile d'en donner la raison, en considérant la nature des choses. Dans les villes d'une médiocre population, comme le sont presque toutes celles qui sont éloignées de Paris, tout le monde se connoît, et par conséquent la jalousie, les rivalités, les petites passions s'y déploient avec plus d'activité que dans une grande ville : il en résulte nécessairement un esprit général de minutie et de détail contraire à ce qui demande de grandes vues et à ce qui peut rendre la société agréable. Le défaut de plaisirs publics fait naître une sorte d'apathie qui peu à peu s'empare des âmes les plus actives, et les soumet à une existence d'habitude qui les ennuie, mais à laquelle on auroit peine à les faire renoncer. L'ignorance des ressorts politiques, dont communément les sociétés de la capitale ont toujours quelque connoissance, multiplie les hommes à spéculation et les nouvellistes, qui ne sont jamais plus nombreux que dans les petites villes. Enfin les différents états y sont beaucoup plus distingués qu'à Paris : un homme de robe galant y est encore très-ridicule; et l'on pourroit y voir des financiers tels que M. Harpin.

On sent que les provinces ne sont considérées ici que sous les rapports de la comédie, rapports qui ne peuvent leur être favorables : si, d'un autre côté, l'on vouloit examiner ce qu'elles présentent d'estimable, soit pour les mœurs domestiques, soit pour l'ordre et la probité, soit même pour des travaux qui exigent de longues combinaisons, et qu'on les comparât aux grandes villes, il y a lieu de douter si la compensation ne leur seroit pas avantageuse.

Molière, dans LA COMTESSE d'ESCARBAGNAS, entre sur-le-champ en matière : il trace le portrait des nouvellistes et des politiques de petites villes, et peint leurs ridicules d'une manière admirable. L'art avec lequel ce morceau est amené annonce un grand maître. Le vicomte est venu tard au rendez-vous que lui a donné sa maîtresse : il faut bien qu'il s'excuse en faisant le récit des importunités qui l'ont arrêté.

La comtesse avant qu'elle paroisse, est déjà ridicule : on voit qu'elle n'est plus jeune et que cependant elle a un amant qui la trompe : il étoit impossible de la mieux annoncer. Mais quand elle paroît, elle surpasse l'idée qu'on s'en étoit faite. Parce qu'elle est allée deux fois à Paris, elle se croit une dame de la cour : elle mêle à son langage bourgeois les termes qu'elle a pu retenir, et n'est pas entendue de ses domestiques, ce qui donne lieu à des méprises plaisantes. LA COMTESSE d'ESCARBAGNAS est le modèle de plusieurs amoureuses ridicules, telles que les deux femmes qui aiment LE CHEVALIER A LA MODE, de Dancourt. Regnard et Destouches l'ont aussi imitée ; mais, voulant pousser le comique trop loin, ils n'ont souvent présenté que des caricatures.

Le pédant Bobinet est d'un autre genre que le Métaphraste du DÉPIT AMOUREUX : il paroît honnête, exact, et n'a d'autre défaut que son langage, qui n'est nullement chargé. Ce rôle est court; mais, par la mesure qui s'y trouve, par l'extrême vraisemblance, il peut passer pour un des meilleurs de la pièce.

M. Tibaudier, conseiller près d'un tribunal inférieur, à la manie du bel esprit joint un amour ridicule : il n'en faut pas tant pour être joué sur le théâtre. On n'a pas encore remarqué que sa lettre à la comtesse est une parodie très-piquante de celles de Balzac : il suffiroit, pour s'en convaincre, de lire la lettre que ce dernier écrivit à madame de Rambouillet pour la remercier d'un envoi de gants et de parfums. L'affectation de Balzac avoit toujours déplu à Molière, et ce trait n'est pas le seul qu'il lui ait lancé ; mais il n'avoit osé l'attaquer ouvertement, parce que ses admirateurs étoient encore nombreux. La plaisanterie, du reste, est d'autant meilleure, que Balzac, pendant une partie de sa vie, avoit habité la ville d'Angoulême, où se passe la scène. Le conseiller pouvoit être regardé comme un de ses élèves.

Le Sage à trouvé l'idée de sa meilleure pièce dans le personnage de M. Harpin : tout le caractère de Turcaret y est indiqué ; on y voit sa brusquerie, sa libéralité grossière, et son défaut de discernement. Il est bien à regretter que Molière n'ait laissé qu'une esquisse aussi légère du grand tableau que pouvoient lui offrir les mœurs des provinces : mais on voit du moins, dans la Comtesse d'Escarbagnas, les premiers traits d'un grand maître, et le parti qu'il auroit tiré de ce sujet, s'il avoit eu le temps de le méditer et de l'approfondir.

LE MALADE
IMAGINAIRE,
COMÉDIE-BALLET
EN TROIS ACTES ET EN PROSE,

Représentée à Paris, sur le théâtre du Palais-Royal, le vendredi 10 février 1673.

PERSONNAGES DE LA COMÉDIE.

ARGAN, malade imaginaire.
BÉLINE, seconde femme d'Argan.
ANGÉLIQUE, fille d'Argan.
LOUISON, petite fille, sœur d'Angélique.
BÉRALDE, frère d'Argan.
CLÉANTE, amant d'Angélique.
MONSIEUR DIAFOIRUS, médecin.
THOMAS DIAFOIRUS, fils de M. Diafoirus.
MONSIEUR PURGON, médecin.
MONSIEUR FLEURANT, apothicaire.
MONSIEUR DE BONNEFOI, notaire.
TOINETTE, servante d'Argan.

PERSONNAGES DU PROLOGUE.

FLORE.
DEUX ZÉPHYRS dansants.
CLIMÈNE.
DAPHNÉ.
TIRCIS, amant de Climène, chef d'une troupe de bergers.
DORILAS, amant de Daphné, chef d'une troupe de bergers.
BERGERS ET BERGÈRES de la suite de Tircis, chantants et dansants.
BERGERS ET BERGÈRES de la suite de Dorilas, chantants et dansants.
PAN.
FAUNES dansants.

PERSONNAGES DES INTERMÈDES.

DANS LE PREMIER ACTE.

POLICHINELLE.
UNE VIEILLE.
VIOLONS.
ARCHERS chantants et dansants.

DANS LE SECOND ACTE.

UNE ÉGYPTIENNE chantante.
UN ÉGYPTIEN chantant.
ÉGYPTIENS et ÉGYPTIENNES chantants et dansants.

DANS LE TROISIÈME ACTE.

TAPISSIERS dansants.
LE PRÉSIDENT de la faculté de médecine.
DOCTEURS.
ARGAN, bachelier.
APOTHICAIRES avec leurs mortiers et leurs pilons.
PORTE-SERINGUES.
CHIRURGIENS.

La scène est à Paris.

PROLOGUE.

Le théâtre représente un lieu champêtre.

SCÈNE I.
FLORE ; DEUX ZÉPHYRS DANSANTS.

FLORE.

Quittez, quittez vos troupeaux :
Venez, bergers ; venez, bergères ;
Accourez, accourez sous ces tendres ormeaux ;
Je viens vous annoncer des nouvelles bien chères,
Et réjour tous ces hameaux.
Quittez, quittez vos troupeaux :
Venez, bergers ; venez, bergères ;
Accourez, accourez sous ces tendres ormeaux.

SCÈNE II.
FLORE ; DEUX ZÉPHYRS DANSANTS ; CLIMÈNE, DAPHNÉ, TIRCIS, DORILAS.

CLIMÈNE à Tircis, et DAPHNÉ à Dorilas.

Berger, laissons là tes feux ;
Voilà Flore qui nous appelle.

TIRCIS à Climène, et DORILAS à Daphné.

Mais au moins, dis-moi, cruelle,

TIRCIS.

Si d'un peu d'amitié tu paieras mes vœux.

DORILAS.

Si tu seras sensible à mon ardeur fidèle.

CLIMÈNE ET DAPHNÉ.

Voilà Flore qui nous appelle.

TIRCIS ET DORILAS.

Ce n'est qu'un mot, un mot, un seul mot que je veux.

TIRCIS.

Languirai-je toujours dans ma peine mortelle ?

DORILAS.

Puis-je espérer qu'un jour tu me rendras heureux ?

CLIMÈNE ET DAPHNÉ.

Voilà Flore qui nous appelle.

SCÈNE III.

FLORE, DEUX ZÉPHIRS dansants ; CLIMÈNE, DAPHNÉ, TIRCIS, DORILAS, BERGERS et BERGÈRES, de la suite de tircis et de dorilas, chantants et dansants.

PREMIÈRE ENTRÉE DE BALLET.

(Les bergers et les bergères vont se placer en cadence autour de Flore.)

CLIMÈNE.

Quelle nouvelle parmi nous,
Déesse, doit jeter tant de réjouissance ?

DAPHNÉ.

Nous brûlons d'apprendre de vous
Cette nouvelle d'importance.

DORILAS.

D'ardeur nous en soupirons tous.

CLIMÈNE, DAPHNÉ, TIRCIS, DORILAS.

Nous en mourons d'impatience.

FLORE.

La voici : silence, silence.
Vos vœux sont exaucés, Louis est de retour ;
Il ramène en ces lieux les plaisirs et l'amour,
Et vous voyez finir vos mortelles alarmes.

PROLOGUE.

Par ses vastes exploits son bras voit tout soumis ;
Il quitte les armes
Faute d'ennemis.

CHOEUR.

Ah ! quelle douce nouvelle !
Qu'elle est grande ! qu'elle est belle !
Que de plaisirs ! que de ris ! que de jeux !
Que de succès heureux !
Et que le ciel a bien rempli nos vœux !
Ah ! quelle douce nouvelle !
Qu'elle est grande ! qu'elle est belle !

DEUXIÈME ENTRÉE DE BALLET.

(Les bergers et les bergères expriment par leurs danses les transports de leur joie.)

FLORE.

De vos flûtes bocagères
Réveillez les plus beaux sons ;
Louis offre à vos chansons
La plus belle des matières.
Après cent combats
Où cueille son bras
Une ample victoire,
Formez entre vous
Cent combats plus doux
Pour chanter sa gloire.

CHOEUR.

Formons entre nous
Cent combats plus doux
Pour chanter sa gloire.

FLORE.

Mon jeune amant, dans ce bois,

Des présents de mon empire
Prépare un prix à la voix
Qui saura le mieux nous dire
Les vertus et les exploits
Du plus auguste des rois.

CLIMÈNE.

Si Tircis a l'avantage,

DAPHNÉ.

Si Dorilas est vainqueur,

CLIMÈNE.

A le chérir je m'engage.

DAPHNÉ.

Je me donne à son ardeur.

TIRCIS.

O trop chère espérance !

DORILAS.

O mot plein de douceur !

TIRCIS ET DORILAS.

Plus beau sujet, plus belle récompense,
Peuvent-ils animer un cœur ?

(Tandis que les violons jouent un air pour animer les deux bergers au combat, Flore, comme juge, va se placer au pied d'un arbre qui est au milieu du théâtre ; les deux troupes de bergers et de bergères se placent chacune du côté de leur chef.)

TIRCIS.

Quand la neige fondue enfle un torrent fameux,
Contre l'effort soudain de ses flots écumeux
    Il n'est rien d'assez solide ;
    Digues, châteaux, villes et bois,
    Hommes et troupeaux à la fois,
Tout cède au courant qui le guide :
    Tel, et plus fier et plus rapide,
    Marche Louis dans ses exploits.

PROLOGUE.

TROISIÈME ENTRÉE DE BALLET.

(Les bergers et les bergères de la suite de Tircis dansent autour de lui pour exprimer leurs applaudissements.)

DORILAS.

Le foudre menaçant qui perce avec fureur
L'affreuse obscurité de la nue enflammée
  Fait d'épouvante et d'horreur
  Trembler le plus ferme cœur :
  Mais, à la tête d'une armée,
  Louis jette plus de terreur.

QUATRIÈME ENTRÉE DE BALLET.

(Les bergers et les bergères de la suite de Dorilas applaudissent à ses chants en dansant autour de lui.)

TIRCIS.

Des fabuleux exploits que la Grèce a chantés,
Par un brillant amas de belles vérités,
  Nous voyons la gloire effacée ;
  Et tous ces fameux demi-dieux
  Que vante l'histoire passée
  Ne sont point à notre pensée
  Ce que Louis est à nos yeux.

CINQUIÈME ENTRÉE DE BALLET.

(Les bergers et les bergères du côté de Tircis recommencent leurs danses.)

DORILAS.

Louis fait à nos temps, par ses faits inouïs,
Croire tous les beaux faits que nous chante l'histoire
  Des siècles évanouis ;
  Mais nos neveux, dans leur gloire,
  N'auront rien qui fasse croire
  Tous les beaux faits de Louis.

PROLOGUE.

SIXIÈME ENTRÉE DE BALLET.

(Les bergers et les bergères du côté de Dorilas recommencent avec leurs danses.)

SEPTIÈME ENTRÉE DE BALLET.

(Les bergers et les bergères de la suite de Tircis et de Dorilas se mêlent et dansent ensemble.)

SCÈNE IV.

FLORE, PAN, DEUX ZÉPHYRS DANSANTS; CLIMÈNE, DAPHNÉ, TIRCIS, DORILAS, FAUNES DANSANTS; BERGERS ET BERGÈRES CHANTANTS ET DANSANTS.

PAN.

LAISSEZ, laissez, bergers, ce dessein téméraire.
    Hé! que voulez-vous faire!
    Chanter sur vos chalumeaux
    Ce qu'Apollon sur sa lyre,
    Avec ses chants les plus beaux,
    N'entreprendroit pas de dire?
C'est donner trop d'essor au feu qui vous inspire;
C'est monter vers les cieux sur des ailes de cire,
    Pour tomber dans le fond des eaux.
Pour chanter de Louis l'intrépide courage
    Il n'est point d'assez docte voix,
Point de mots assez grands pour en tracer l'image :
    Le silence est le langage
    Qui doit louer ses exploits.
Consacrez d'autres soins à sa pleine victoire;
Vos louanges n'ont rien qui flatte ses désirs,
    Laissez, laissez là sa gloire,
    Ne songez qu'à ses plaisirs.

CHOEUR.

    Laissons, laissons là sa gloire,
    Ne songeons qu'à ses plaisirs.

PROLOGUE.

FLORE, *à Tircis et à Dorilas*.

Bien que pour étaler ses vertus immortelles,
La force manque à vos esprits,
Ne laissez pas tous deux de recevoir le prix.
Dans les choses grandes et belles,
Il suffit d'avoir entrepris.

HUITIÈME ENTRÉE DE BALLET.

(Les deux Zéphyrs dansent avec deux couronnes de fleurs à la main, qu'ils viennent donner ensuite à Tircis et à Dorilas.)

CLIMÈNE ET DAPHNÉ, *donnant la main à leurs amants*.

Dans les choses grandes et belles,
Il suffit d'avoir entrepris.

TIRCIS ET DORILAS.

Ah ! que d'un doux succès notre audace est suivie !

FLORE ET PAN.

Ce qu'on fait pour Louis on ne le perd jamais.

CLIMÈNE, DAPHNÉ, TIRCIS, DORILAS.

Au soin de ses plaisirs donnons-nous désormais.

FLORE ET PAN.

Heureux, heureux qui peut lui consacrer sa vie !

CHOEUR.

Joignons tous dans ces bois
Nos flûtes et nos voix,
Ce jour nous y convie ;
Et faisons aux échos redire mille fois,
Louis est le plus grand des rois ;
Heureux, heureux qui peut lui consacrer sa vie !

NEUVIÈME ET DERNIÈRE ENTRÉE DE BALLET.

(Les faunes, les bergers et les bergères se mêlent ensemble : il se fait entre eux des jeux de danse, après quoi ils se vont préparer pour la comédie.)

AUTRE PROLOGUE.

UNE BERGÈRE CHANTANTE.

Votre plus haut savoir n'est que pure chimère,
    Vains et peu sages médecins ;
Vous ne pouvez guérir par vos grands mots latins
    La douleur qui me désespère.
Votre plus haut savoir n'est que pure chimère.
    Hélas ! hélas ! je n'ose découvrir
        Mon amoureux martyre
      Au berger pour qui je soupire,
      Et qui seul peut me secourir,
      Ne prétendez pas le finir.
Ignorants médecins, vous ne sauriez le faire :
Votre plus haut savoir n'est que pure chimère.
Ces remèdes peu sûrs, dont le simple vulgaire
Croit que vous connoissez l'admirable vertu,
Pour les maux que je sens n'ont rien de salutaire ;
Et tout votre caquet ne peut être reçu
    Que d'un malade imaginaire.
Votre plus haut savoir n'est que pure chimère.

FIN DES PROLOGUES.

LE MALADE IMAGINAIRE.

ACTE PREMIER.

Le théâtre représente la chambre d'Argan.

SCÈNE I.

ARGAN ASSIS, AYANT UNE TABLE DEVANT LUI, COMPTANT AVEC DES JETONS LES PARTIES DE SON APOTHICAIRE.

Trois et deux font cinq, et cinq font dix, et dix font vingt. Trois et deux font cinq. *Plus, du vingt-quatrième, un petit clystère insinuatif, préparatif et rémollient, pour amollir, humecter et rafraîchir les entrailles de monsieur...* Ce qui me plaît de M. Fleurant mon apothicaire, c'est que ses parties sont toujours fort civiles. *Les entrailles de monsieur, trente sous.* Oui; mais, monsieur Fleurant, ce n'est pas tout que d'être civil, il faut être aussi raisonnable, et ne pas écorcher les malades. Trente sous un lavement! Je suis votre serviteur, je vous l'ai déjà dit; vous ne me les avez mis dans les autres parties qu'à vingt sous, et vingt sous, en langage d'apothicaire, c'est-à-dire dix sous. Les voilà, dix sous. *Plus, dudit jour, un bon clystère détersif, composé avec catholicon double, rhubarbe, miel rosat, et autres; suivant l'ordonnance, pour balayer, laver et nettoyer le bas-ventre de monsieur, trente sous.* Avec votre permission, dix sous. *Plus, dudit jour, le soir, un julep hépathique, soporatif, somnifère, composé pour faire dormir monsieur, trente-cinq sous.* Je ne me plains point de celui-là, car il me fit bien dormir. Dix, quinze, seize et dix-sept sous six deniers. *Plus, du vingt-cinquième, une bonne médecine purgative et corroborative, composée de casse récente avec séné levantin, et autres, suivant l'ordonnance de monsieur Purgon, pour expulser et évacuer la bile de monsieur, quatre livres.* Ah ! monsieur Fleurant, c'est se mocquer ; il faut vivre avec les malades. Monsieur Purgon ne vous a pas ordonné de mettre quatre francs : mettez, mettez trois livres, s'il vous plaît. Vingt et trente sous. *Plus, dudit jour, une potion anodyne et astreingente pour faire reposer monsieur, trente sous.* Bon, dix et quinze sous. *Plus, du vingt-sixième, un clystère carminatif, pour chasser les vents de monsieur, trente sous.* Dix sous, Monsieur Fleurant. *Plus, du vingt-septième, une bonne médecine, composée pour hâter d'aller, et chasser dehors les mauvaises humeurs de monsieur, trois livres.* Bon, vingt et trente sous ; je suis bien aise que vous soyez raisonnable. *Plus, du vingt-huitième, une prise de petit-lait clarifié et dulcoré, pour adoucir, lénifier, tempérer et rafraîchir le sang de monsieur, vingt sous.* Bon, dix sous. *Plus, une potion cordiale et préservative, composée avec douze grains de bézoard, sirop de limon et grenade, et autres, suivant l'ordonnance, cinq livres.* Ah! monsieur Fleurant, tout doux, s'il vous plaît; si vous en usez comme cela, on ne voudra plus être malade : contentez-vous de quatre francs. Et vingt et quarante sous. Trois et deux font cinq, et cinq font dix, et dix font vingt. Soixante et trois livres quatre sous six deniers. Si bien donc que, de ce mois, j'ai pris une, deux, trois, quatre, cinq, six, sept, huit médecines; et un, deux, trois, quatre, cinq, six, sept, huit, neuf, dix, onze et douze lavements; et l'autre mois il y avoit douze médecines et vingt lavements. Je ne m'étonne pas si je ne me porte pas si bien ce mois-ci que l'autre. Je le dirai à monsieur Purgon, afin qu'il mette ordre à cela. Allons, qu'on m'ôte tout ceci. (Voyant que personne ne vient, et qu'il n'y a aucun de ses gens dans sa chambre.) Il n'y a personne? J'ai beau dire, on me laisse toujours seul; il n'y a pas moyen de les arrêter ici. (Après avoir sonné une sonnette qui est sur sa table.) Ils n'entendent point, et ma sonnette ne fait pas assez de bruit. (Après avoir sonné pour la deuxième fois.) Point d'affaire. (Après avoir sonné encore.) Ils sont sourds. Toinette! (Après avoir fait le plus de bruit qu'il peut avec sa sonnette.) Tout comme si je ne sonnois point. Chienne! coquine! (Voyant qu'il sonne encore inutilement.) J'enrage.

Drelin, drelin, drelin. Carogne, à tous les diables! Est-il possible qu'on laisse comme cela un pauvre malade tout seul? Drelin, drelin, drelin. Voilà qui est pitoyable! Drelin, drelin, drelin. Ah! mon Dieu! ils me laisseront ici mourir. Drelin, drelin, drelin.

SCÈNE II.

ARGAN, TOINETTE.

TOINETTE, en entrant.

On y va.

ARGAN.

Ah! chienne! Ah! carogne...!

TOINETTE, faisant semblant de s'être cogné la tête.

Diantre soit de votre impatience! Vous pressez si fort les personnes que je me suis donné un grand coup à la tête contre la carne d'un volet.

ARGAN, en colère.

Ah! traîtresse!

TOINETTE, interrompant Argan.

Ah!

ARGAN.

Il y a...

TOINETTE.

Ah!

ARGAN.

Il y a une heure.

TOINETTE.

Ah!

ARGAN.

Tu m'as laissé...

TOINETTE.

Ah !

ARGAN.

Tais-toi donc, coquine, que je te querelle.

TOINETTE.

Ça mon, ma foi, j'en suis d'avis, après ce que je me suis fait.

ARGAN.

Tu m'as fait égosiller, carogne.

TOINETTE.

Et vous m'avez fait, vous, casser la tête. L'un vaut bien l'autre ; quitte à quitte, si vous voulez.

ARGAN.

Quoi ! coquine...

TOINETTE.

Si vous querellez, je pleurerai.

ARGAN.

Me laisser, traîtresse !

TOINETTE, *interrompant encore Argan.*

Ah !

ARGAN.

Chienne, tu veux...

TOINETTE.

Ah !

ARGAN.

Quoi ! il faudra encore que je n'aie pas le plaisir de la quereller !

TOINETTE.

Querellez tout votre soûl, je le veux bien.

ARGAN.

Tu m'en empêches, chienne, en m'interrompant à tout coup.

TOINETTE.

Si vous avez le plaisir de quereller, il faut bien que de mon côté j'aie le plaisir de pleurer : chacun le sien, ce n'est pas trop. Ah !

ARGAN.

Allons, il faut en passer par-là. Ote-moi ceci, coquine, ôte-moi ceci. (Après s'être levé.) Mon lavement d'aujourd'hui a-t-il bien opéré ?

TOINETTE.

Votre lavement ?

ARGAN.

Oui. Ai-je bien fait de la bile ?

TOINETTE.

Ma foi, je ne me mêle point de ces affaires-là. C'est à monsieur Fleurant à y mettre le nez, puisqu'il en a le profit.

ARGAN.

Qu'on ait soin de me tenir un bouillon prêt, pour l'autre que je dois tantôt prendre.

TOINETTE.

Ce monsieur Fleurant-là et ce monsieur Purgon s'égaient bien sur votre corps : ils ont en vous une bonne vache à lait : et je voudrois bien leur demander quel mal vous avez, pour faire tant de remèdes.

ARGAN.

Taisez-vous, ignorante ; ce n'est pas à vous à

contrôler les ordonnances de la médecine. Qu'on me fasse venir ma fille Angélique, j'ai à lui dire quelque chose.

TOINETTE.

La voici qui vient d'elle-même ; elle a deviné votre pensée.

SCÈNE III.

ARGAN, ANGÉLIQUE, TOINETTE.

ARGAN.

Approchez, Angélique, vous venez à propos, je voulois vous parler.

ANGÉLIQUE.

Me voilà prête à vous ouïr.

ARGAN.

Attendez. (A Toinette.) Donnez-moi mon bâton, je vais revenir tout à l'heure.

TOINETTE.

Allez vite, monsieur, allez. Monsieur Fleurant nous donne des affaires.

SCÈNE IV.

ANGÉLIQUE, TOINETTE.

ANGÉLIQUE.

Toinette !

TOINETTE.

Quoi ?

ANGÉLIQUE.

Regarde-moi un peu.

TOINETTE.

Hé bien! je vous regarde.

ANGÉLIQUE.

Toinette !

TOINETTE.

Hé bien! quoi! Toinette?

ANGÉLIQUE.

Ne devines-tu point de quoi je veux parler?

TOINETTE.

Je m'en doute assez : de notre jeune amant; car c'est sur lui, depuis six jours, que roulent tous nos entretiens; et vous n'êtes point bien, si vous n'en parlez à toute heure.

ANGÉLIQUE.

Puisque tu connois cela, que n'es-tu donc la première à m'en entretenir? Et que ne m'épargnes-tu la peine de te jeter sur ce discours?

TOINETTE.

Vous ne m'en donnez pas le temps; et vous avez des soins, là-dessus, qu'il est difficile de prévenir.

ANGÉLIQUE.

Je t'avoue que je ne saurois me lasser de te parler de lui, et que mon cœur profite avec chaleur de tous les moments de s'ouvrir à toi. Mais, dis-moi, condamnes-tu, Toinettte, les sentiments que j'ai pour lui?

TOINETTE.

Je n'ai garde.

ACTE I, SCÈNE IV.

ANGÉLIQUE.

Ai-je tort de m'abandonner à ces douces impressions ?

TOINETTE.

Je ne dis pas cela.

ANGÉLIQUE.

Et voudrois-tu que je fusse insensible aux tendres protestations de cette passion ardente qu'il témoigne pour moi ?

TOINETTE.

A Dieu ne plaise !

ANGÉLIQUE.

Dis-moi un peu ; ne trouves-tu pas, comme moi, quelque chose du ciel, quelque effet du destin, dans l'aventure inopinée de notre connoissance ?

TOINETTE.

Oui.

ANGÉLIQUE.

Ne trouves-tu pas que cette action d'embrasser ma défense sans me connoître est tout-à-fait d'un honnête homme !

TOINETTE.

Oui.

ANGÉLIQUE.

Que l'on ne peut pas en user plus généreusement ?

TOINETTE.

D'accord.

ANGÉLIQUE.

Et qu'il fit tout cela de la meilleure grâce du monde !

TOINETTE.

Oh ! oui.

ANGÉLIQUE.

Ne trouves-tu pas, Toinette, qu'il est bien fait de sa personne ?

TOINETTE.

Assurément.

ANGÉLIQUE.

Qu'il a le meilleur air du monde ?

TOINETTE.

Sans doute.

ANGÉLIQUE.

Que ses discours, comme ses actions, ont quelque chose de noble ?

TOINETTE.

Cela est sûr.

ANGÉLIQUE.

Qu'on ne peut rien entendre de plus passionné que tout ce qu'il me dit ?

TOINETTE.

Il est vrai.

ANGÉLIQUE.

Et qu'il n'est rien de plus fâcheux que la contrainte où l'on me tient, qui bouche tout commerce aux doux empressements de cette mutuelle ardeur que le ciel nous inspire ?

TOINETTE.

Vous avez raison.

ANGÉLIQUE.

Mais, ma pauvre Toinette, crois-tu qu'il m'aime autant qu'il me le dit ?

TOINETTE.

Hé! hé! ces choses-là, parfois, sont un peu sujettes à caution. Les grimaces d'amour ressemblent fort à la vérité; et j'ai vu de grands commédiens là-dessus.

ANGÉLIQUE.

Ah! Toinette, que dis-tu là? Hélas! de la façon qu'il parle, seroit-il bien possible qu'il ne me dît pas vrai?

TOINETTE.

En tout cas, vous en serez bientôt éclaircie; et la résolution où il vous écrivit hier qu'il étoit de vous faire demander en mariage est une prompte voie à vous faire connoître s'il vous dit vrai ou non. C'en sera la bonne preuve.

ANGÉLIQUE.

Ah! Toinette, si celui-là me trompe, je ne croirai de ma vie aucun homme.

TOINETTE.

Voilà votre père qui revient.

SCÈNE V.
ARGAN, ANGÉLIQUE, TOINETTE.

ARGAN.

Or çà, ma fille, je vais vous dire une nouvelle, où peut-être ne vous attendez-vous pas. On vous demande en mariage... Qu'et-ce que cela? vous riez? Cela est plaisant, oui, ce mot de mariage; il n'est rien de plus drôle pour les jeunes filles. Ah! nature! nature! A ce que je puis voir, ma fille, je n'ai que faire de vous demander si vous voulez bien vous marier.

ANGÉLIQUE.

Je dois faire, mon père, tout ce qu'il vous plaira de m'ordonner.

ARGAN.

Je suis bien aise d'avoir une fille obéissante : la chose est donc conclue, et je vous ai promise.

ANGÉLIQUE.

C'est à moi, mon père, de suivre aveuglément toutes vos volontés.

ARGAN.

Ma femme, votre belle-mère avoit envie que je vous fisse religieuse, et votre petite sœur Louison aussi ; et, de tout temps, elle a été aheurtée à cela.

TOINETTE, à part.

La bonne bête a ses raisons.

ARGAN.

Elle ne vouloit point consentir à ce mariage ; mais je l'ai emporté, et ma parole est donnée.

ANGÉLIQUE.

Ah! mon père, que je vous suis obligée de toutes vos bontés !

TOINETTE, à Argan.

En vérité, je vous sais bon gré de cela ; et voilà l'action la plus sage que vous ayez faite de votre vie.

ARGAN.

Je n'ai point encore vu la personne ; mais on m'a dit que j'en serois content, et toi aussi.

ACTE I, SCÈNE V.

ANGÉLIQUE.

Assurément, mon père.

ARGAN.

Comment ! l'as-tu vu ?

ANGÉLIQUE.

Puisque votre consentement m'autorise à vous pouvoir ouvrir mon cœur, je ne feindrai point de vous dire que le hasard nous a fait connoître il y six jours, et que la demande qu'on vous a faite est un effet de l'inclination que, dès cette première vue, nous avons prise l'un pour l'autre.

ARGAN.

Ils ne m'ont pas dit cela ; mais j'en suis bien aise, et c'est tant mieux que les choses soient de de la sorte. Ils disent que c'est un grand jeune garçon bien fait.

ANGÉLIQUE.

Oui, mon père.

ARGAN.

De belle taille.

ANGÉLIQUE.

Sans doute.

ARGAN.

Agréable de sa personne.

ANGÉLIQUE.

Assurément.

ARGAN.

De bonne physionomie.

ANGÉLIQUE.

Très-bonne.

ARGAN.

Sage et bien né.

ANGÉLIQUE.

Tout-à-fait.

ARGAN.

Fort honnête.

ANGÉLIQUE.

Le plus honnête du monde.

ARGAN.

Qui parle bien latin et grec.

ANGÉLIQUE.

C'est ce que je ne sais pas.

ARGAN.

Et qui sera reçu médecin dans trois jours.

ANGÉLIQUE.

Lui, mon père ?

ARGAN.

Oui. Est-ce qu'il ne te l'a pas dit ?

ANGÉLIQUE.

Non vraiment. Qui vous l'a dit à vous ?

ARGAN.

Monsieur Purgon.

ANGÉLIQUE.

Est-ce que monsieur Purgon le connoît ?

ARGAN.

La belle demande ! Il faut bien qu'il le connoisse, puisque c'est son neveu.

ANGÉLIQUE.

Cléante, neveu de monsieur Purgon ?

ARGAN.

Quel Cléante? Nous parlons de celui pour qui l'on t'a demandée en mariage.

ANGÉLIQUE.

Hé! oui.

ARGAN.

Hé bien! c'est le neveu de monsieur Purgon, qui est le fils de son beau-frère le médecin, monsieur Diafoirus; et ce fils s'appelle Thomas Diafoirus, et non pas Cléante. Nous avons conclu ce mariage-là ce matin, monsieur Purgon, monsieur Fleurant, et moi; et demain ce gendre prétendu me doit être amené par son père... Qu'est-ce! vous voilà tout ébaubie!

ANGÉLIQUE.

C'est, mon père, que je connois que vous avez parlé d'une personne, et que j'ai entendu une autre.

TOINETTE.

Quoi! monsieur, vous auriez fait ce dessein burlesque? et, avec tout le bien que vous avez, vous voudriez marier votre fille avec un médecin?

ARGAN.

Oui. De quoi te mêles-tu, coquine, impudente que tu es?

TOINETTE.

Mon Dieu! tout doux. Vous allez d'abord aux invectives. Est-ce que nous ne pouvons pas raisonner ensemble sans nous emporter? Là, parlons de sang froid. Quelle est votre raison, s'il vous plaît, pour faire un tel mariage?

ARGAN.

Ma raison est que, me voyant infirme et malade comme je suis, je veux me faire un gendre et des alliés médecins, afin de m'appuyer de bons secours contre ma maladie, d'avoir dans ma famille les sources des remèdes qui me sont nécessaires, et d'être à même des consultations et des ordonnances.

TOINETTE.

Hé bien! voilà dire une raison, et il y a plaisir à se répondre doucement les uns aux autres. Mais, monsieur, mettez la main à la conscience: est-ce que vous êtes malade?

ARGAN.

Comment, coquine! si je suis malade! Si je suis malade, impudente!

TOINETTE.

Hé bien! oui, monsieur, vous êtes malade, n'ayons point de querelle là-dessus. Oui, vous êtes fort malade, j'en demeure d'accord, et plus malade que vous ne pensez; voilà qui est fait. Mais votre fille doit épouser un mari pour elle; et, n'étant point malade, il n'est pas nécessaire de lui donner un médecin.

ARGAN.

C'est pour moi que je lui donne ce médecin; et une fille de bon naturel doit être ravie d'épouser ce qui est utile à la santé de son père.

TOINETTE.

Ma foi, monsieur, voulez-vous qu'en amie je vous donne un conseil?

ARGAN.

Quel est-il ce conseil?

TOINETTE.

De ne point songer à ce mariage-là.

ARGAN.

Et la raison?

TOINETTE.

La raison, c'est que votre fille n'y consentira point.

ARGAN.

Elle n'y consentira point?

TOINETTE.

Non.

ARGAN.

Ma fille?

TOINETTE.

Votre fille. Elle vous dira qu'elle n'a que faire de monsieur Diafoirus, ni de son fils Thomas Diafoirus, ni de tous les Diafoirus du monde.

ARGAN.

J'en ai affaire, moi, outre que le parti est plus avantageux qu'on ne pense : monsieur Diafoirus n'a que ce fils-là pour tout héritier ; et, de plus, monsieur Purgon, qui n'a ni femme ni enfants, lui donne tout son bien en faveur de ce mariage ; et monsieur Purgon est un homme qui a huit mille livres de rente.

TOINETTE.

Il faut qu'il ait tué bien des gens, pour s'être fait si riche.

ARGAN.

Huit mille livres de rente sont quelque chose, sans compter le bien du père.

TOINETTE.

Monsieur, tout cela est bel et bon : mais j'en reviens toujours là ; je vous conseille, entre nous, de lui choisir un autre mari ; et elle n'est point faite pour être madame Diafoirus.

ARGAN.

Et je veux, moi, que cela soit.

TOINETTE.

Hé ! fi ! ne dites pas cela.

ARGAN.

Comment ! que je ne dise pas cela ?

TOINETTE.

Hé ! non.

ARGAN.

Et pourquoi ne le dirai-je pas ?

TOINETTE.

On dira que vous ne songez pas à ce que vous dites.

ARGAN.

On dira ce qu'on voudra ; mais je vous dis que je veux qu'elle exécute la parole que j'ai donnée.

TOINETTE.

Non, je suis sûre qu'elle ne le fera pas.

ARGAN.

Je l'y forcerai bien.

TOINETTE.

Elle ne le fera pas, vous dis-je.

ARGAN.

Elle le fera, ou je la mettrai dans un couvent.

TOINETTE.

Vous?

ARGAN.

Moi.

TOINETTE.

Bon!

ARGAN.

Comment, bon?

TOINETTE.

Vous ne la mettrez point dans un couvent?

ARGAN.

Je ne la mettrai point dans un couvent?

TOINETTE.

Non.

ARGAN.

Non?

TOINETTE.

Non.

ARGAN.

Ouais, voici qui est plaisant. Je ne mettrai pas ma fille dans un couvent, si je veux?

TOINETTE.

Non, vous dis-je.

ARGAN.

Qui m'en empêchera?

TOINETTE.

Vous-même.

ARGAN.

Moi?

TOINETTE.

Oui, vous n'aurez pas ce cœur-là.

ARGAN.

Je l'aurai.

TOINETTE.

Vous vous moquez.

ARGAN.

Je ne me moque point.

TOINETTE.

La tendresse paternelle vous prendra.

ARGAN.

Elle ne me prendra point.

TOINETTE.

Une petite larme ou deux ; des bras jetés au cou ; ou Mon petit papa mignon, prononcé tendrement, sera assez pour vous toucher.

ARGAN.

Tout cela ne fera rien.

TOINETTE.

Oui, oui.

ARGAN.

Je vous dis que je n'en démordrai point.

TOINETTE.

Bagatelles.

ARGAN.

Il ne faut point dire, Bagatelles.

TOINETTE.

Mon Dieu ! je vous connois, vous êtes bon naturellement.

ACTE I, SCÈNE V.

ARGAN, avec emportement.

Je ne suis point bon, et je suis méchant quand je veux.

TOINETTE.

Doucement, monsieur ; vous ne songez pas que vous êtes malade.

ARGAN.

Je lui commande absolument de se préparer à prendre le mari que je dis.

TOINETTE.

Et moi, je lui défends absolument d'en faire rien.

ARGAN.

Où est-ce donc que nous sommes ? Et quelle audace est-ce là à une coquine de servante de parler de la sorte devant son maître ?

TOINETTE.

Quand un maître ne songe pas à ce qu'il fait, une servante bien sensée est en droit de le redresser.

ARGAN, courant après Toinette.

Ah ! insolente, il faut que je t'assomme.

TOINETTE, évitant Argan, et mettant la chaise entre elle et lui.

Il est de mon devoir de m'opposer aux choses qui vous peuvent déshonorer.

ARGAN, courant après Toinette autour de la chaise avec son bâton.

Viens, viens, que je t'apprenne à parler.

TOINETTE, se sauvant du côté où n'est point Argan.

Je m'intéresse, comme je dois, à ne vous point laisser faire de folie.

ARGAN, de même.

Chienne !

TOINETTE, de même.

Non, je ne consentirai jamais à ce mariage.

ARGAN, de même.

Pendarde !

TOINETTE, de même.

Je ne veux point qu'elle épouse votre Thomas Diafoirus.

ARGAN, de même.

Carogne !

TOINETTE, de même.

Elle m'obéira plutôt qu'à vous.

ARGAN, s'arrêtant.

Angélique, tu ne veux point m'arrêter cette coquine-là ?

ANGÉLIQUE.

Hé ! mon père, ne vous faites point malade.

ARGAN, à Angélique.

Si tu ne me l'arrêtes, je te donnerai ma malédiction.

TOINETTE, en s'en allant.

Et moi, je la déshériterai si elle vous obéit.

ARGAN, se jetant dans sa chaise.

Ah ! ah ! je n'en puis plus. Voilà pour me faire mourir.

SCÈNE VI.
BÉLINE, ARGAN.

ARGAN.

Ah ! ma femme, approchez.

BÉLINE.

Qu'avez-vous, mon pauvre mari ?

ARGAN.

Venez-vous-en ici à mon secours.

BÉLINE.

Qu'est-ce que c'est donc qu'il y a, mon petit fils ?

ARGAN.

M'amie !

BÉLINE.

Mon ami !

ARGAN.

On vient de me mettre en colère.

BÉLINE.

Hélas ! pauvre petit mari ! Comment donc, mon ami ?

ARGAN.

Votre coquine de Toinette est devenue plus insolente que jamais.

BÉLINE.

Ne vous passionnez donc point.

ARGAN.

Elle m'a fait enrager, m'amie.

BÉLINE.

Doucement, mon fils.

ARGAN.

Elle a contrecarré, une heure durant, les choses que je veux faire.

BÉLINE.

Là ! là ! tout doux !

ARGAN.

Elle a eu l'effronterie de me dire que je ne suis point malade.

BÉLINE.

C'est une impertinente.

ARGAN.

Vous savez, mon cœur, ce qui en est.

BÉLINE.

Oui, mon cœur : elle a tort.

ARGAN.

M'amour, cette coquine-là me fera mourir.

BÉLINE.

Hé ! là ! hé ! là !

ARGAN.

Elle est cause de toute la bile que je fais.

BÉLINE.

Ne vous fâchez point tant.

ARGAN.

Et il y a je ne sais combien que je vous dis de me la chasser.

BÉLINE.

Mon Dieu ! mon fils, il n'y a point de serviteurs et de servantes qui n'aient leurs défauts. On est contraint parfois de souffrir leurs mauvaises qualités à cause des bonnes. Celle-ci est adroite, soigneuse, diligente, et surtout fidèle ; et vous savez qu'il faut maintenant de grandes précautions pour les gens que l'on prend. Holà, Toinette!

SCÈNE VII.

ARGAN, BÉLINE, TOINETTE.

TOINETTE.

Madame.

BÉLINE.

Pourquoi donc est-ce que vous mettez mon mari en colère ?

TOINETTE, *d'un ton doucereux.*

Moi, madame ? Hélas ! je ne sais pas ce que vous me voulez dire, et je ne songe qu'à complaire à monsieur en toutes choses.

ARGAN.

Ah ! la traîtresse !

TOINETTE.

Il nous a dit qu'il vouloit donner sa fille en mariage au fils de monsieur Diafoirus. Je lui ai répondu que je trouvois le parti avantageux pour elle, mais que je croyois qu'il feroit mieux de la mettre dans un couvent.

BÉLINE.

Il n'y a pas grand mal à cela, et je trouve qu'elle a raison.

ARGAN.

Ah ! m'amour, vous la croyez ! C'est une scélérate, elle m'a dit cent insolences.

BÉLINE.

Hé bien ! je vous crois, mon ami. Là, remettez-vous. Écoutez, Toinette : si vous fâchez jamais mon mari, je vous mettrai dehors. Çà, donnez-moi son manteau fourré et des oreillers, que je l'accommode dans sa chaise. Vous voilà je ne sais comment. Enfoncez bien votre bonnet jusque sur vos oreilles ; il n'y a rien qui enrhume tant que de prendre l'air par les oreilles.

ARGAN.

Ah ! m'amie, que je vous suis obligé de tous les soins que vous prenez de moi !

BÉLINE, *accommodant les oreillers qu'elle met autour d'Argan.*

Levez-vous, que je mette ceci sous vous. Mettons celui-ci pour vous appuyer, et celui-là de l'autre côté. Mettons celui-ci derrière votre dos, et cet autre-là pour soutenir votre tête.

TOINETTE, *lui mettant rudement un oreiller sur la tête.*

Et celui-ci pour vous garder du serein.

ARGAN, *se levant en colère, et jetant les oreillers à Toinette qui s'enfuit.*

Ah ! coquine, tu veux m'étouffer.

SCÈNE VIII.

ARGAN, BÉLINE.

BÉLINE.

Hé là ! hé ! là ! Qu'est-ce que c'est donc ?

ARGAN, *se jetant dans sa chaise.*

Ah ! ah ! ah ! je n'en puis plus.

BÉLINE.

Pourquoi vous emporter ainsi ? elle a cru faire bien.

ARGAN.

Vous ne connoissez pas, m'amour, la malice

de la pendarde. Ah! elle m'a mis tout hors de moi; et il faudra plus de huit médecines et de douze lavements pour réparer tout ceci.

BÉLINE.

Là! là! mon petit ami, apaisez-vous un peu.

ARGAN.

M'amie, vous êtes toute ma consolation.

BÉLINE.

Pauvre petit fils!

ARGAN.

Pour tâcher de reconnoître l'amour que vous me portez, je veux, mon cœur, comme je vous ai dit, faire mon testament.

BÉLINE.

Ah! mon ami, ne parlons point de cela, je vous prie : je ne saurois souffrir cette pensée; et le seul mot de testament me fait tressaillir de douleur.

ARGAN.

Je vous avois dit de parler pour cela à votre notaire.

BÉLINE.

Le voilà là-dedans que j'ai amené avec moi.

ARGAN.

Faites-le donc entrer, m'amour.

BÉLINE.

Hélas! mon ami, quand on aime bien un mari, on n'est guère en état de songer à tout cela.

SCÈNE IX.

M. DE BONNEFOI, BÉLINE, ARGAN.

ARGAN.

Approchez, monsieur de Bonnefoi, approchez. Prenez un siége, s'il vous plaît. Ma femme m'a dit, monsieur, que vous étiez fort honnête homme, et tout-à-fait de ses amis, et je l'ai chargée de vous parler pour un testament que je veux faire.

BÉLINE.

Hélas ! je ne suis point capable de parler de ces choses-là.

M. DE BONNEFOI.

Elle m'a, monsieur, expliqué vos intentions, et le dessein où vous êtes pour elle ; et j'ai à vous dire là-dessus que vous ne sauriez rien donner à votre femme par votre testament.

ARGAN.

Mais pourquoi?

M. DE BONNEFOI.

La coutume y résiste. Si vous étiez en pays de droit écrit, cela se pourroit faire : mais, à Paris, et dans les pays coutumiers, au moins dans la plupart, c'est ce qui ne se peut; et la disposition seroit nulle. Tout l'avantage qu'homme et femme conjoints par mariage se peuvent faire l'un à l'autre, c'est un don mutuel entre vifs ; encore faut-il qu'il n'y ait enfants, soit des deux conjoints, ou de l'un d'eux, lors du décès du premier mourant.

ARGAN.

Voilà une coutume bien impertinente, qu'un

mari ne puisse rien laisser à une femme dont il est aimé tendrement, et qui prend de lui tant de soin! J'aurois envie de consulter mon avocat, pour voir comment je pourrois faire.

M. DE BONNEFOI.

Ce n'est point à des avocats qu'il faut aller; car ils sont d'ordinaire sévères là-dessus, et s'imaginent que c'est un grand crime que de disposer en fraude de la loi. Ce sont gens de difficultés, et qui sont ignorants des détours de la conscience. Il y a d'autres personnes à consulter, qui sont bien plus accommodantes, qui ont des expédients pour passer doucement par-dessus la loi, et rendre juste ce qui n'est pas permis; qui savent aplanir les difficultés d'une affaire, et trouver des moyens d'éluder la coutume par quelque avantage indirect. Sans cela, où en serions-nous tous les jours? Il faut de la facilité dans les choses; autrement nous ne ferions rien, et je ne donnerois pas un sou de notre métier.

ARGAN.

Ma femme m'avoit bien dit, monsieur, que vous étiez fort habile et fort honnête homme. Comment puis-je faire, s'il vous plaît, pour lui donner mon bien et en frustrer mes enfants?

M. DE BONNEFOI.

Comment vous pouvez faire? Vous pouvez choisir doucement un ami intime de votre femme, auquel vous donnerez en bonne forme par votre testament tout ce que vous pouvez; et cet ami ensuite lui rendra tout. Vous pouvez encore contracter un grand nombre d'obligations non suspectes au profit de divers créanciers qui prêteront leur nom à votre femme, et entre les mains de laquelle ils mettront leur déclaration que ce qu'ils en ont fait n'a été que pour lui faire plaisir. Vous pouvez aussi, pendant que vous êtes en vie, mettre entre ses mains de l'argent comptant, ou des billets que vous pourrez avoir payables au porteur.

BÉLINE.

Mon dieu ! il ne faut point vous tourmenter de tout cela. S'il vient faute de vous, mon fils, je ne veux plus rester au monde.

ARGAN.

M'amie !

BÉLINE.

Oui, mon ami, si je suis assez malheureuse pour vous perdre...

ARGAN.

Ma chère femme !

BÉLINE.

La vie ne me sera plus rien.

ARGAN.

M'amour.

BÉLINE.

Et je suivrai vos pas, pour vous faire connoître la tendresse que j'ai pour vous.

ARGAN.

M'amie, vous me fendez le cœur ! Consolez-vous, je vous en prie.

M. DE BONNEFOI, à Béline.

Ces larmes sont hors de saison, et les choses n'en sont point encore là.

BÉLINE.

Ah! monsieur, vous ne savez pas ce que c'est qu'un mari qu'on aime tendrement.

ARGAN.

Tout le regret que j'aurai si je meurs, m'amie, c'est de n'avoir point un enfant de vous. Monsieur Purgon m'avoit dit qu'il m'en feroit faire un.

M. DE BONNEFOI.

Cela pourra venir encore.

ARGAN.

Il faut faire mon testament, m'amour, de la façon que monsieur dit ; mais, par précaution, je veux vous mettre entre les mains vingt mille francs en or, que j'ai dans le lambris de mon alcove, et deux billets payables au porteur, qui me sont dus, l'un par M. Damon, et l'autre par M. Gérante.

BÉLINE.

Non, non, je ne veux point de tout cela. Ah...! Combien dites-vous qu'il y a dans votre alcove?

ARGAN.

Vingt mille francs, m'amour.

BÉLINE.

Ne me parlez point de bien, je vous prie. Ah...! De combien sont les deux billets ?

ARGAN.

Ils sont, m'amie, l'un de quatre mille francs, et l'autre de six.

BÉLINE.

Tous les biens du monde, mon ami, ne me sont rien au prix de vous.

M. DE BONNEFOI, à Argan.

Voulez-vous que nous procédions au testament ?

ARGAN.

Oui, monsieur. Mais nous serons mieux dans mon petit cabinet. M'amour, conduisez-moi, je vous prie.

BÉLINE.

Allons, mon pauvre petit fils.

SCÈNE X.

ANGÉLIQUE, TOINETTE.

TOINETTE.

LES voilà avec un notaire, et j'ai ouï parler de testament. Votre belle-mère ne s'endort point; et c'est sans doute quelque conspiration contre vos intérêts où elle pousse votre père.

ANGÉLIQUE.

Qu'il dispose de son bien à sa fantaisie, pourvu qu'il ne dispose point de mon cœur. Tu vois, Toinette, les desseins violents que l'on fait sur lui ; ne m'abandonne point, je te prie, dans l'extrémité où je suis.

TOINETTE.

Moi, vous abandonner ! J'aimerois mieux mourir. Votre belle-mère a beau me faire sa confidente, et me vouloir jeter dans ses intérêts; je n'ai jamais pu avoir d'inclination pour elle, et j'ai toujours été de votre parti. Laissez-moi faire; j'emploierai toute chose pour vous servir. Mais, pour vous servir avec plus d'effet, je veux changer de batterie, couvrir le zèle que j'ai pour vous, et feindre d'entrer dans les sentiments de votre père et de votre belle-mère.

ANGÉLIQUE.

Tâche, je t'en conjure, de faire donner avis à Cléante du mariage qu'on a conclu.

TOINETTE.

Je n'ai personne à employer à cet office que le vieux usurier Polichinelle, mon amant; et il m'en coûtera, pour cela, quelques paroles de douceur, que je veux bien dépenser pour vous. Pour aujourd'hui il est trop tard; mais demain, du grand matin, je l'enverrai quérir, et il sera ravi de...

SCÈNE XI.
BÉLINE, DANS LA MAISON; ANGÉLIQUE, TOINETTE.

BÉLINE.

TOINETTE!

TOINETTE, à Angélique.

Voilà qu'on m'appelle. Bonsoir. Reposez-vous sur moi.

FIN DU PREMIER ACTE.

PREMIER INTERMÈDE.

Le théâtre représente une place publique.

SCÈNE I.
POLICHINELLE.

O amour, amour, amour, amour ! Pauvre Polichinelle ! quelle diable de fantaisie t'es-tu allé mettre dans la cervelle ? A quoi t'amuses-tu, misérable insensé que tu es ? Tu quittes le soin de ton négoce, et tu laisses aller tes affaires à l'abandon ; tu ne manges plus, tu ne bois presque plus, tu perds le repos de la nuit, et tout cela, pour qui ? pour une dragonne, franche dragonne, une diablesse qui te rembarre, et se moque de tout ce que tu peux lui dire. Mais il n'y a point à raisonner là-dessus. Tu le veux, amour ; il faut être fou comme beaucoup d'autres. Cela n'est pas le mieux du monde à un homme de mon âge ; mais qu'y faire ? On n'est pas sage quand on veut ; et les vieilles cervelles se démontent comme les jeunes.

Je viens voir si je ne pourrai point adoucir ma tigresse par une sérénade. Il n'y a rien, parfois, qui soit si touchant qu'un amant qui vient chanter ses doléances aux gonds et aux verroux de la porte de sa maîtresse. (Après avoir pris son luth.) Voici de quoi acompagner ma voix. O nuit, ô chère nuit, porte mes plaintes amoureuses jusque dans le lit de mon inflexible.

  Nott' e dì, v' am' e v' adoro;
  Cerc' un sì, per mio ristoro:
   Ma se voi dite di nò,
   Bell' ingrata, io morirò.
   Frà la speranza
   S'afflige il cuore,
   In lontananza
   Consum' a l'hore;
   Si dolce inganno
   Che mi figura
   Breve l'affanno,
   Ahi! troppo dura!
Così per tropp' amar languisco e muoro.

  Nott' e dì, v' am' e v' adoro;
  Cerc' un sì, per mio ristoro:
   Ma se voi dite di nò,
   Bell' ingrata, io morirò.
   Se non dormite,
   Almen pensate
   Alle ferite
   Ch' al cuor mi fate:
   D'almen fingete,
   Per mio conforto,
   Se m'uccidete,
   D'haver il torto;
Vostra pietà mi scemera il martiro.

  Nott' e dì, v' am' e v' adoro;
  Cerc' un sì, per mio ristoro:

Ma se voi dite di nò,
Bell' ingrata, io morirò.

SCÈNE II.

POLICHINELLE; UNE VIEILLE A LA FENÊTRE.

LA VIEILLE chante.

Zerbinetti, ch' ogn' hor con finti sguardi,
Mentiti desiri,
Fallaci sospiri,
Accenti buggiardi,
Di fede vi preggiate,
Ah! che non m'ingannate;
Che già so per prova
Ch' in voi non si trova
Costanza ne fede.
Oh! quanto è pazza colei che vi crede!

Quei sguardi languidi
Non m'innamorano,
Quei sospir' fervidi
Più non m'infiammano,
Vel' giuro a fe,
Zerbino misero,
Del vostro piangere
Il mio cuor libero
Vuol sempre ridere;
Credet' a me,
Che già so per prova
Ch' in voi non si trova
Costanza ne fede.
Oh! quanto è pazza colei che vi crede!

SCÈNE III.

POLICHINELLE; VIOLONS DERRIÈRE LE THÉATRE.

LES VIOLONS commencent un air.

POLICHINELLE.

Quelle impertinente harmonie vient interrompre ici ma voix !

LES VIOLONS continuant à jouer.

POLICHINELLE.

Paix là ; taisez-vous, violons. Laissez-moi me plaindre à mon aise des cruautés de mon inexorable.

LES VIOLONS de même.

POLICHINELLE.

Taisez-vous, vous dis-je : c'est moi qui veux chanter.

LES VIOLONS.

POLICHINELLE.

Paix donc.

LES VIOLONS.

POLICHINELLE.

Ouais !

LES VIOLONS.

POLICHINELLE.

Ah !

LES VIOLONS.

POLICHINELLE.

Est-ce pour rire ?

LES VIOLONS.

POLICHINELLE.

Ah ! que de bruit !

LES VIOLONS.

POLICHINELLE.

Le diable vous emporte !

LES VIOLONS.

POLICHINELLE.

J'enrage !

LES VIOLONS.

POLICHINELLE.

Vous ne vous tairez pas ? Ah ! Dieu soit loué !

LES VIOLONS.

POLICHINELLE.

Encore !

LES VIOLONS.

POLICHINELLE.

Peste des violons !

LES VIOLONS.

POLICHINELLE.

La sotte musique que voilà !

LES VIOLONS.

POLICHINELLE, *chantant pour se moquer des violons.*

La, la, la, la, la, la.

LES VIOLONS.

POLICHINELLE, *de même.*

La, la, la, la, la, la.

LES VIOLONS.

POLICHINELLE, *de même.*

La, la, la, la, la, la.

LES VIOLONS.

POLICHINELLE, *de même.*

La, la, la, la, la, la.

LES VIOLONS.

POLICHINELLE, de même.

La, la, la, la, la, la.

LES VIOLONS.

POLICHINELLE.

Par ma foi, cela me divertit. Poursuivez, messieurs les violons ; vous me ferez plaisir. (N'entendant plus rien.) Allons donc, continuez, je vous en prie.

SCÈNE IV.

POLICHINELLE.

Voilà le moyen de les faire taire. La musique est accoutumée à ne point faire ce qu'on veut. Or sus, à nous. Avant que de chanter, il faut que je prélude un peu, et joue quelque pièce, afin de mieux prendre mon ton. (Il prend son luth, dont il fait semblant de jouer en imitant avec les lèvres et la langue le son de cet instrument.) Plan, plan, plan. Plin, plin, plin. Voilà un temps fâcheux pour mettre un luth d'accord. Plin, plin, plin. Plin, tan, plan. Plin, plin. Les cordes ne tiennent point par ce temps-là. Plin, plan. J'entends du bruit. Mettons mon luth contre la porte.

SCÈNE V.

POLICHINELLE ; ARCHERS CHANTANTS ET DANSANTS.

UN ARCHER, chantant.

Qui va là ? Qui va là ?

POLICHINELLE, bas.

Que diable est-ce là ! Est-ce la mode de parler en musique ?

L'ARCHER.

Qui va là ? Qui va là ? Qui va là ?

POLICHINELLE, épouvanté.

Moi, moi, moi.

L'ARCHER.

Qui va là ? Qui va là ? vous dis-je.

POLICHINELLE.

Moi, moi, vous dis-je.

L'ARCHER.

Et qui toi ? et qui toi ?

POLICHINELLE.

Moi, moi, moi, moi, moi, moi.

L'ARCHER.

Dis ton nom, dis ton nom, sans davantage attendre.

POLICHINELLE, feignant d'être bien hardi.

Mon nom est Va te faire pendre.

L'ARCHER.

Ici, camarades, ici.
Saisissons l'insolent qui répond ainsi.

PREMIÈRE ENTRÉE DE BALLET.

(Des archers dansants cherchent Polichinelle dans l'obscurité, pour le saisir.)

POLICHINELLE.

Qui va là ?

(Entendant encore du bruit autour de lui.)

Qui sont les coquins que j'entends ?

Hé...! Holà ! mes laquais, mes gens...

Par la mort...! Par le sang...! j'en jetterai par terre...

Champagne, Poitevin, Picard, Basque, Breton...

Donnez-moi mon mousqueton...

(Pendant les intervalles qui sont marqués avec les points, les archers dansent au son de la symphonie, en cherchant Polichinelle.)

POLICHINELLE, faisant semblant de tirer un coup de pistolet.

Poue.

(Les archers tombent tous, et s'enfuient.)

SCÈNE VI.
POLICHINELLE.

Ah! ah! ah! ah! Comme je leur ai donné l'épouvante! Voilà de sottes gens d'avoir peur de de moi, qui ai peur des autres. Ma foi, il n'est que de jouer d'adresse en ce monde. Si je n'avois tranché du grand seigneur, et n'avois fait le brave, ils n'auroient pas manqué de me happer. Ah! ah! ah!

(Pendant que Polichinelle croit être seul, des archers reviennent sans faire de bruit pour entendre ce qu'il dit.)

SCÈNE VII.
POLICHINELLE, DEUX ARCHERS CHANTANTS.

LES DEUX ARCHERS, saisissant Polichinelle.

Nous le tenons. A nous, camarades, à nous!
Dépêchez; de la lumière.

SCÈNE VIII.
POLICHINELLE; LES DEUX ARCHERS CHANTANTS; ARCHERS CHANTANTS ET DANSANTS VENANT AVEC DES LANTERNES.

QUATRE ARCHERS, chantant ensemble.

Ah! traître! ah! fripon! c'est donc vous!
Faquin, maraud, pendard, impudent, téméraire,
Insolent, effronté, coquin, filou, voleur,
Vous osez nous faire peur!

POLICHINELLE.

Messieurs, c'est que j'étois ivre.

LES QUATRE ARCHERS.

Non, non : point de raison ;
Il faut vous apprendre à vivre.
En prison, vite en prison.

POLICHINELLE.

Messieurs, je ne suis point voleur.

LES QUATRE ARCHERS.

En prison.

POLICHINELLE.

Je suis un bourgeois de la ville.

LES QUATRE ARCHERS.

En prison.

POLICHINELLE.

Qu'ai-je fait ?

LES QUATRE ARCHERS.

En prison, vite en prison.

POLICHINELLE.

Messieurs, laissez-moi aller.

LES QUATRE ARCHERS.

Non.

POLICHINELLE.

Je vous prie.

LES QUATRE ARCHERS.

Non.

POLICHINELLE.

Hé !

LES QUATRE ARCHERS.

Non.

POLICHINELLE.

De grâce !

LES QUATRE ARCHERS.

Non, non.

POLICHINELLE.

Messieurs!

LES QUATRE ARCHERS.

Non, non, non.

POLICHINELLE.

S'il vous plaît!

LES QUATRE ARCHERS.

Non, non.

POLICHINELLE.

Par charité!

LES QUATRE ARCHERS.

Non, non.

POLICHINELLE.

Au nom du ciel!

LES QUATRE ARCHERS.

Non, non.

POLICHINELLE.

Miséricorde!

LES QUATRE ARCHERS.

Non, non : point de raison;
Il faut vous apprendre à vivre.
En prison, vite en prison.

POLICHINELLE.

Hé! n'est-il rien, messieurs, qui soit capable d'attendrir vos âmes?

LES QUATRE ARCHERS.

Il est aisé de nous toucher;
Et nous sommes humains plus qu'on ne sauroit
croire.

Donnez-nous seulement six pistoles pour boire,
Nous allons vous lâcher.

POLICHINELLE.

Hélas ! messieurs, je vous assure que je n'ai pas un sou sur moi.

LES QUATRE ARCHERS.

Au défaut de six pistoles,
Choisissez donc sans façon
D'avoir trente croquignoles,
Ou douze coups de bâton.

POLICHINELLE.

Si c'est une nécessité, et qu'il faille en passer par-là, je choisis les croquignoles.

LEL QUATRE ARCHERS.

Allons, préparez-vous,
Et comptez bien les coups.

DEUXIÈME ENTRÉE DE BALLET.

(Les archers dansants donnent en cadence des croquignoles à Polichinelle.)

POLICHINELLE, pendant qu'on lui donne des croquignoles.

Une et deux, trois et quatre, cinq et six, sept et huit, neuf et dix, onze et douze, quatorze et quinze.

LES QUATRE ARCHERS.

Ah ! ah ! vous en voulez passer !
Allons, c'est à recommencer.

POLICHINELLE.

Ah ! messieurs, ma pauvre tête n'en peut plus ; et vous venez de me la rendre comme une pomme cuite. J'aime mieux encore les coups de bâton que de recommencer.

LES QUATRE ARCHERS.

Soit. Puisque le bâton est pour vous plus charmant,
Vous aurez contentement.

TROISIÈME ENTRÉE DE BALLET.

(Les archers donnent en cadence des coups de bâton à Polichinelle.)

POLICHINELLE, *comptant les coups de bâton.*

Un, deux, trois, quatre, cinq, six. Ah! ah! ah! Je n'y saurois plus résister. Tenez, messieurs, voilà six pistoles que je vous donne.

LES QUATRE ARCHERS.

Ah! l'honnête homme! Ah! l'âme noble et belle!
Adieu, seigneur; adieu, seigneur Polichinelle.

POLICHINELLE.

Messieurs, je vous donne le bonsoir.

LES QUATRE ARCHERS.

Adieu, seigneur; adieu, seigneur Polichinelle.

POLICHINELLE.

Votre serviteur.

LES QUATRE ARCHERS.

Adieu, seigneur; adieu, seigneur Polichinelle.

POLICHINELLE.

Très-humble valet.

LES QUATRE ARCHERS.

Adieu, seigneur; adieu, seigneur Polichinelle.

POLICHINELLE.

Jusqu'au revoir.

QUATRIÈME ET DERNIÈRE ENTRÉE DE BALLET.

(Les archers dansent en réjouissance de l'argent qu'ils ont reçu.)

FIN DU PREMIER INTERMÈDE.

ACTE SECOND.

SCÈNE I.
CLÉANTE, TOINETTE.

TOINETTE, *ne reconnoissant pas Cléante.*

Que demandez-vous, monsieur ?

CLÉANTE.

Ce que je demande ?

TOINETTE.

Ah ! ah ! c'est vous ! Quelle surprise ! Que venez-vous faire céans ?

CLÉANTE.

Savoir ma destinée, parler à l'aimable Angélique, consulter les sentiments de son cœur, et lui demander ses résolutions sur ce mariage fatal dont on m'a averti.

TOINETTE.

Oui : mais on ne parle pas comme cela de but en blanc à Angélique, il y faut des mystères : et l'on vous a dit l'étroite garde où elle est retenue; qu'on ne la laisse ni sortir ni parler à personne; et que ce ne fut que la curiosité d'une vieille tante qui nous fit accorder la liberté d'aller à cette comédie qui donna lieu à la naissance de votre passion: et nous nous sommes bien gardées de parler de cette aventure.

CLÉANTE.

Aussi ne viens-je pas ici comme Cléante et sous l'apparence de son amant, mais comme ami de son maître de musique, dont j'ai obtenu le pouvoir de dire qu'il m'envoie à sa place.

TOINETTE.

Voici son père. Retirez-vous un peu, et me laissez lui dire que vous êtes là.

SCÈNE II.
ARGAN, TOINETTE.

ARGAN, *se croyant seul, et sans voir Toinette.*

Monsieur Purgon m'a dit de me promener le matin dans ma chambre douze allées et douze venues : mais j'ai oublié à lui demander si c'est en long ou en large.

TOINETTE.

Monsieur, voilà un...

ARGAN.

Parle bas, pendarde : tu viens m'ébranler tout le cerveau, et tu ne songes pas qu'il ne faut point parler si haut à des malades.

TOINETTE.

Je voulois vous dire, monsieur...

ARGAN.

Parle bas, te dis-je.

TOINETTE.

Monsieur...

(Elle fait semblant de parler.)

ARGAN.

Hé?

TOINETTE.

Je vous dis que...
(Elle fait encore semblant de parler.)

ARGAN.

Qu'est-ce que tu dis ?

TOINETTE, haut.

Je dis que voilà un homme qui veut parler à vous.

ARGAN.

Qu'il vienne.
(Toinette fait signe à Cléante d'avancer.)

SCÈNE III.

ARGAN, CLÉANTE, TOINETTE.

CLÉANTE.

Monsieur...

TOINETTE, à Cléante.

Ne parlez pas si haut, de peur d'ébranler le cerveau de monsieur.

CLÉANTE.

Monsieur, je suis ravi de vous trouver debout, et de voir que vous vous portez mieux.

TOINETTE, feignant d'être en colère.

Comment ! qu'il se porte mieux ! Cela est faux. Monsieur se porte toujours mal.

CLÉANTE.

J'ai ouï dire que monsieur étoit mieux ; et je lui trouve bon visage.

TOINETTE.

Que voulez-vous dire avec votre bon visage ? Monsieur l'a fort mauvais ; et ce sont des impertinents qui vous ont dit qu'il étoit mieux ; il ne s'est jamais si mal porté.

ARGAN.

Elle a raison.

TOINETTE.

Il marche, dort, mange, et boit comme les autres ; mais cela n'empêche pas qu'il ne soit fort malade.

ARGAN.

Cela est vrai.

CLÉANTE.

Monsieur, j'en suis au désespoir. Je viens de la part du maître à chanter de mademoiselle votre fille : il s'est vu obligé d'aller à la campagne pour quelques jours ; et, comme son ami intime, il m'envoie à sa place pour lui continuer ses leçons, de peur qu'en les interrompant elle ne vînt à oublier ce qu'elle sait déjà.

ARGAN.

Fort bien. (A Toinette.) Appelez Angélique.

TOINETTE.

Je crois, monsieur, qu'il sera mieux de mener monsieur à sa chambre.

ARGAN.

Non, faites-la venir.

TOINETTE.

Il ne pourra lui donner leçon comme il faut, s'ils ne sont en particulier.

ARGAN.

Si fait, si fait.

TOINETTE.

Monsieur, cela ne fera que vous étourdir; et il ne faut rien pour vous émouvoir en l'état où vous êtes, et vous ébranler le cerveau.

ARGAN.

Point; point: j'aime la musique; et je serai bien aise de... Ah! la voici. (A Toinette.) Allez-vous-en voir, vous, si ma femme est habillée.

SCÈNE IV.
ARGAN, ANGÉLIQUE, CLÉANTE.

ARGAN.

Venez, ma fille; votre maître de musique est allé aux champs, et voilà une personne qu'il envoie à sa place pour vous montrer.

ANGÉLIQUE, reconnoissant Cléante.

Ah! ciel!

ARGAN.

Qu'est-ce? D'où vient cette surprise?

ANGÉLIQUE.

C'est...

ARGAN.

Quoi! qui vous émeut de la sorte?

ANGÉLIQUE.

C'est, mon père, une aventure surprenante qui se rencontre ici.

ARGAN.

Comment?

ANGÉLIQUE.

J'ai songé cette nuit que j'étois dans le plus

grand embarras du monde, et qu'une personne faite tout comme monsieur s'est présentée à moi, à qui j'ai demandé secours, et qui m'est venu tirer de la peine où j'étois ; et ma surprise a été grande de voir inopinément, en arrivant ici, ce que j'ai eu dans l'idée toute la nuit.

CLÉANTE.

Ce n'est pas être malheureux que d'occuper votre pensée, soit en dormant, soit en veillant ; et mon bonheur seroit grand, sans doute, si vous étiez dans quelque peine dont vous me jugeassiez digne de vous tirer ; et il n'y a rien que je ne fisse pour...

SCÈNE V.
ARGAN, ANGÉLIQUE, CLÉANTE, TOINETTE.

TOINETTE, à Argan.

MA foi, monsieur, je suis pour vous maintenant ; et je me dédis de tout ce que je disois hier. Voici monsieur Diafoirus le père et monsieur Diafoirus le fils qui viennent vous rendre visite. Que vous serez bien engendré ! Vous allez voir le garçon le mieux fait du monde, et le plus spirituel. Il n'a dit que deux mots qui m'ont ravie, et votre fille va être charmée de lui.

ARGAN, à Cléante, qui feint de vouloir s'en aller.

Ne vous en allez point, monsieur. C'est que je

marie ma fille; et voilà qu'on lui amène son prétendu mari (*), qu'elle n'a point encore vu.

CLÉANTE.

C'est m'honorer beaucoup, monsieur, de vouloir que je sois témoin d'une entrevue si agréable.

ARGAN.

C'est le fils d'un habile médecin : et le mariage se fera dans quatre jours.

CLÉANTE.

Fort bien.

ARGAN.

Mandez-le un peu à son maître de musique, afin qu'il se trouve à la noce.

CLÉANTE.

Je n'y manquerai pas.

ARGAN.

Je vous y prie aussi.

CLÉANTE.

Vous me faites beaucoup d'honneur.

TOINETTE.

Allons, qu'on se range, les voici.

SCÈNE VI.
M. DIAFOIRUS, THOMAS DIAFOIRUS, ARGAN, ANGÉLIQUE, CLÉANTE, TOINETTE, LAQUAIS.

ARGAN, mettant la main à son bonnet sans l'ôter.

Monsieur Purgon, monsieur, m'a défendu de

(*) Ancienne manière de s'exprimer. On diroit aujourd'hui son prétendu.

découvrir ma tête. Vous êtes du métier, vous savez les conséquences.

M. DIAFOIRUS.

Nous sommes dans toutes nos visites pour porter secours aux malades, et non pour leur porter de l'incommodité.

(Argan et M. Diafoirus parlent en même temps.)

ARGAN.

Je reçois, monsieur,

M. DIAFOIRUS.

Nous venons ici, monsieur,

ARGAN.

Avec beaucoup de joie,

M. DIAFOIRUS.

Mon fils Thomas et moi,

ARGAN.

L'honneur que vous me faites,

M. DIAFOIRUS.

Vous témoigner, monsieur,

ARGAN.

Et j'aurois souhaité...

M. DIAFOIRUS.

Le ravissement où nous sommes...

ARGAN.

De pouvoir aller chez vous...

M. DIAFOIRUS.

De la grâce que vous nous faites...

ARGAN.

Pour vous en assurer.

M. DIAFOIRUS.

De vouloir bien nous recevoir...

ARGAN.

Mais vous savez, monsieur,

M. DIAFOIRUS.

Dans l'honneur, monsieur,

ARGAN.

Ce que c'est qu'un pauvre malade,

M. DIAFOIRUS.

De votre alliance,

ARGAN.

Qui ne peut faire autre chose...

M. DIAFOIRUS.

Et vous assurer...

ARGAN.

Que de vous dire ici...

M. DIAFOIRUS.

Que, dans les choses qui dépendront de notre métier,

ARGAN.

Qu'il cherchera toutes les occasions...

M. DIAFOIRUS.

De même qu'en toute autre,

ARGAN.

De vous faire connoître, monsieur,

M. DIAFOIRUS.

Nous serons toujours prêts, monsieur,

ARGAN.

Qu'il est tout à votre service.

M. DIAFOIRUS.

A vous témoigner notre zèle. (A son fils.) Allons, Thomas, avancez; faites vos compliments.

ACTE II, SCÈNE VI.

THOMAS DIAFOIRUS, à M. Diafoirus.

N'est-ce pas par le père qu'il convient commencer ?

M. DIAFOIRUS.

Oui.

THOMAS DIAFOIRUS, à Argan.

Monsieur, je viens saluer, reconnoître, chérir, et révérer en vous un second père, mais un second père auquel j'ose dire que je me trouve plus redevable qu'au premier. Le premier m'a engendré ; mais vous m'avez choisi. Il m'a reçu par nécessité ; mais vous m'avez accepté par grâce. Ce que je tiens de lui est un ouvrage de son corps ; mais ce que je tiens de vous est un ouvrage de votre volonté : et d'autant plus que les facultés spirituelles sont au-dessus des corporelles, d'autant plus je vous dois, et d'autant plus je tiens précieuse cette future filiation dont je viens aujourd'hui vous rendre par avance les très-humbles et très-respectueux hommages.

TOINETTE.

Vivent les colléges d'où l'on sort si habile homme !

THOMAS DIAFOIRUS, à M. Diafoirus.

Cela a-t-il bien été, mon père ?

M. DIAFOIRUS.

Optimè.

ARGAN, à Angélique.

Allons, saluez monsieur.

THOMAS DIAFOIRUS, à M. Diafoirus.

Baiserai-je ?

M. DIAFOIRUS.

Oui, oui.

THOMAS DIAFOIRUS, à Angélique.

Madame, c'est avec justice que le ciel vous a concédé le nom de belle-mère, puisque l'on...

ARGAN, à Thomas Diafoirus.

Ce n'est pas ma femme, c'est ma fille à qui vous parlez.

THOMAS DIAFOIRUS.

Où donc est-elle ?

ARGAN.

Elle va venir.

THOMAS DIAFOIRUS.

Attendrai-je, mon père, qu'elle soit venue?

M. DIAFOIRUS.

Faites toujours le compliment de mademoiselle.

THOMAS DIAFOIRUS.

Mademoiselle, ne plus ne moins que la statue de Memnon rendoit un son harmonieux lorsqu'elle venoit à être éclairée des rayons du soleil, tout de même me sens-je animé d'un doux transport à l'apparition du soleil de vos beautés; et comme les naturalistes remarquent que la fleur nommée héliotrope tourne sans cesse vers cet astre du jour, aussi mon cœur dores-en-avant tournera-t-il toujours vers les astres resplendissants de vos yeux adorables, ainsi que vers son pôle unique. Souffrez donc, mademoiselle, que j'appende aujourd'hui à l'autel de vos charmes l'offrande de ce cœur, qui ne respire et n'ambitionne autre gloire que d'être toute sa vie, mademoiselle, votre très-humble, très-obéissant et très-fidèle serviteur et mari.

TOINETTE.

Voilà ce que c'est que d'étudier, on apprend à dire de belles choses.

ARGAN, à Cléante.

Hé! que dites-vous de cela?

CLÉANTE.

Que monsieur fait merveilles, et que s'il est aussi bon médecin qu'il est bon orateur, il y aura plaisir à être de ses malades.

TOINETTE.

Assurément. Ce sera quelque chose d'admirable s'il fait d'aussi belles cures qu'il fait de beaux discours.

ARGAN.

Allons, vite, ma chaise, et des siéges à tout le monde. (Les laquais donnent des siéges.) Mettez-vous là, ma fille. (A M. Diafoirus.) Vous voyez, monsieur, que tout le monde admire monsieur votre fils; et je vous trouve bien heureux de vous voir un garçon comme cela.

M. DIAFOIRUS.

Monsieur, ce n'est pas parce que je suis son père; mais je puis dire que j'ai sujet d'être content de lui, et que tous ceux qui le voient en parlent comme d'un garçon qui n'a point de méchanceté. Il n'a jamais eu l'imagination bien vive, ni ce feu d'esprit qu'on remarque dans quelques-uns; mais c'est par-là que j'ai toujours bien auguré de sa judiciaire, qualité requise pour l'exercice de notre art. Lorsqu'il étoit petit, il n'a jamais été ce qu'on appelle mièvre (*) et éveillé : on le voyoit toujours doux, paisible et taciturne, ne disant jamais mot, et ne jouant jamais à tous ces petits jeux que l'on nomme enfantins. On eut toutes les peines du monde à lui apprendre à lire ; et il avoit neuf ans qu'il ne connoissoit pas encore ses lettres. Bon ! disois-je en moi-même, les arbres tardifs sont ceux qui portent les meilleurs fruits. On grave sur le marbre bien plus malaisément que sur le sable ; mais les choses y sont conservées bien plus long-temps ; et cette lenteur à comprendre, cette pesanteur d'imagination, est la marque d'un bon jugement à venir. Lorsque je l'envoyai au collége, il trouva de la peine, mais il se roidissoit contre les difficultés ; et ses régents se louoient toujours à moi de son assiduité et de son travail. Enfin, à force de battre le fer, il en est venu glorieusement à avoir ses licences ; et je puis dire, sans vanité, que, depuis deux ans qu'il est sur les bancs, il n'y a point de candidat qui ait fait plus de bruit que lui dans toutes les disputes de notre école. Il s'y est rendu redoutable ; et il ne s'y passe point d'acte où il n'aille argumenter à outrance pour la proposition contraire. Il est ferme dans la dispute, fort comme un Turc sur ses principes, ne démord

---

(*) *Mièvre*, ancien mot qui signifioit *étourdi*, *remuant*. En Normandie, on disoit *nièvre*. Ce mot vient peut-être du latin, *nebulo*, garnement.

jamais de son opinion, et poursuit un raisonnement jusque dans les derniers recoins de la logique. Mais, sur toute chose, ce qui me plaît en lui, et en quoi il suit mon exemple, c'est qu'il s'attache aveuglément aux opinions de nos anciens, et que jamais il n'a voulu comprendre ni écouter les raisons et les expériences des prétendues découvertes de notre siècle touchant la circulation du sang, et autres opinions de même farine (*).

THOMAS DIAFOIRUS, tirant de sa poche une grande thèse roulée qu'il présente à Angélique.

J'ai, contre les circulateurs, soutenu une thèse, qu'avec la permission (saluant Argan) de monsieur j'ose présenter à mademoiselle comme un hommage que je lui dois des prémices de mon esprit.

ANGÉLIQUE.

Monsieur, c'est pour moi un meuble inutile; et je ne me connois pas à ces choses-là.

TOINETTE, prenant la thèse.

Donnez, donnez; elle est toujours bonne à prendre pour l'image : cela servira à parer notre chambre.

THOMAS DIAFOIRUS, saluant encore Argan.

Avec la permission aussi de monsieur, je vous invite à venir voir l'un de ces jours, pour vous divertir, la dissection d'une femme, sur quoi je dois raisonner.

TOINETTE.

Le divertissement sera agréable. Il y en a qui

(*) Ancienne expression pédantesque, qui vouloit dire *opinions de même sorte*.

donnent la comédie à leurs maîtresses ; mais donner une dissection est quelque chose de plus galant.

M. DIAFOIRUS.

Au reste, pour ce qui est des qualités requises pour le mariage et la propagation, je vous assure que, selon les règles de nos docteurs, il est tel qu'on le peut souhaiter, qu'il possède en un degré louable la vertu prolifique, et qu'il est du tempérament qu'il faut pour engendrer et procréer des enfants bien conditionnés.

ARGAN.

N'est-ce pas votre intention, monsieur, de le pousser à la cour, et d'y ménager pour lui une charge de médecin ?

M. DIAFOIRUS.

A vous en parler franchement, notre métier auprès des grands ne m'a jamais paru agréable, et j'ai toujours trouvé qu'il valoit mieux pour nous autres demeurer au public. Le public est commode : vous n'avez à répondre de vos actions à personne; et, pourvu que l'on suive le courant des règles de l'art, on ne se met point en peine de tout ce qui peut arriver. Mais ce qu'il y a de fâcheux auprès des grands, c'est que, quand ils viennent à être malades, ils veulent absolument que leurs médecins les guérissent.

TOINETTE.

Cela est plaisant! et ils sont bien impertinents de vouloir que vous autres messieurs vous les guérissiez ! Vous n'êtes point auprès d'eux pour cela : vous n'y êtes que pour recevoir vos pensions, et leur ordonner des remèdes : c'est à eux à guérir s'ils peuvent.

M. DIAFOIRUS.

Cela est vrai. On n'est obligé qu'à traiter les gens dans les formes.

ARGAN, à Cléante.

Monsieur, faites un peu chanter ma fille devant la compagnie.

CLÉANTE.

J'attendois vos ordres, monsieur ; et il m'est venu en pensée, pour divertir la compagnie, de chanter avec mademoiselle une scène d'un petit opéra qu'on a fait depuis peu. (A Angélique, lui donnant un papier.) Tenez, voilà votre partie.

ANGÉLIQUE.

Moi ?

CLÉANTE, bas, à Angélique.

Ne vous défendez point, s'il vous plaît, et me laissez vous faire comprendre ce que c'est que la scène que nous devons chanter. (Haut.) Je n'ai pas une voix à chanter; mais ici il suffit que je me fasse entendre, et l'on aura la bonté de m'excuser par la nécessité où je me trouve de faire chanter mademoiselle.

ARGAN.

Les vers en sont-ils beaux ?

CLÉANTE.

C'est proprement ici un petit opéra impromptu ; et vous n'allez entendre chanter que la prose cadencée, ou des manières de vers libres, tels que la passion et la nécessité peuvent faire trouver à deux personnes qui disent les choses d'eux-mêmes, et parlent sur-le-champ.

ARGAN.

Fort bien. Écoutons.

CLÉANTE.

Voici le sujet de la scène. Un berger étoit attentif aux beautés d'un spectacle qui ne faisoit que commencer, lorsqu'il fut retiré de son attention par un bruit qu'il entendit à ses côtés. Il se retourne et voit un brutal qui de paroles insolentes maltraitoit une bergère. D'abord il prend les intérêts d'un sexe à qui tous les hommes doivent hommage ; et, après avoir donné au brutal le châtiment de son insolence, il vient à la bergère, et voit une jeune personne qui, des deux plus beaux yeux qu'il eût jamais vus, versoit des larmes qu'il trouva les plus belles du monde. Hélas ! dit-il en lui-même, est-on capable d'outrager une personne si aimable? et quel inhumain, quel barbare ne seroit touché par de telles larmes ? Il prend soin de les arrêter, ces larmes qu'il trouve si belles ; et l'aimable bergère prend soin en même temps de le remercier de son léger service, mais d'une manière si charmante, si tendre et si passionnée, que le berger n'y peut résister ; et chaque mot, chaque regard, est un trait plein de flamme dont son cœur se sent pénétré. Est-il, disoit-il, quelque chose qui puisse mériter les aimables paroles d'un tel remercîment? Et que ne voudroit-on pas faire, à quels services, à quels dangers ne seroit-on pas ravi de courir pour s'attirer un seul moment des touchantes douceurs d'une âme si reconnoissante? Tout le spectacle passe sans qu'il y donne aucune attention : mais il se plaint qu'il est trop court, parce qu'en finissant il se sépare de son adorable bergère; et, de cette première vue, de ce premier moment, il emporte chez lui tout ce qu'un amour de plusieurs années peut avoir de plus violent. Le voilà aussitôt à sentir tous les maux de l'absence ; et il est tourmenté de ne plus voir ce qu'il a si peu vu. Il fait tout ce qu'il peut pour se redonner cette vue dont il conserve nuit et jour une si chère idée ; mais la grande contrainte où l'on tient sa bergère lui en ôte tous les moyens. La violence de sa passion le fait résoudre à demander en mariage l'adorable beauté sans laquelle il ne peut vivre; et il en obtient d'elle la permission par un billet qu'il a l'adresse de lui faire tenir. Mais dans le même temps on l'avertit que le père de cette belle a conclu son mariage avec un autre, et que tout se dispose pour en célébrer la cérémonie. Jugez quelle atteinte cruelle au cœur de ce triste berger! Le voilà accablé d'une mortelle douleur ; il ne peut souffrir l'effroyable idée de voir tout ce qu'il aime entre les bras d'un autre ; et son amour au désespoir lui fait trouver moyen de s'introduire dans la maison de sa bergère pour apprendre ses sentiments, et savoir d'elle la destinée à laquelle il doit se résoudre. Il y rencontre les apprêts de tout ce qu'il craint : il y voit venir l'indigne rival que le caprice d'un père oppose aux tendresses de son amour ; il le voit triomphant, ce rival ridicule, auprès de l'aimable bergère, ainsi qu'auprès d'une conquête qui lui est assurée ; et cette vue le remplit d'une colère dont il a peine à se rendre le maître. Il jette de douloureux regards sur celle qu'il adore ; et son respect, et la présence de son père, l'empêchent de lui rien dire que des yeux. Mais enfin il force toute contrainte, et le transport de son amour l'oblige à lui parler ainsi :

(Il chante.)

Belle Philis, c'est trop, c'est trop souffrir :
Rompons ce dur silence, et m'ouvrez vos pensées.
Apprenez-moi ma destinée :
Faut-il vivre ? Faut-il mourir ?

ANGÉLIQUE, en chantant.

Vous me voyez, Tircis, triste et mélancolique
Aux apprêts de l'hymen dont vous vous alarmez.
Mais si plus clairement il faut que je m'explique,
C'est vous en dire assez.

ARGAN.

Ouais ! je ne croyois pas que ma fille fût si habile que de chanter ainsi à livre ouvert sans hésiter.

CLÉANTE.

Hélas ! belle Philis,
Se pourroit-il que l'amoureux Tircis
Eût assez de bonheur
Pour avoir quelque place dans votre cœur ?

ANGÉLIQUE.

Je ne m'en défends point ; dans cette peine extrême,
Oui, Tircis, je vous aime.

ACTE II, SCENE VI.

CLÉANTE.

O parole pleine d'appas !
Ai-je bien entendu ? Hélas !
Redites-la, Philis, que je n'en doute pas.

ANGÉLIQUE.

Oui, Tircis, je vous aime.

CLÉANTE.

De grâce, encor, Philis.

ANGÉLIQUE.

Je vous aime.

CLÉANTE.

Recommencez cent fois, ne vous en lassez pas.

ANGÉLIQUE.

Je vous aime, je vous aime;
Oui, Tircis, je vous aime.

CLÉANTE.

Dieux, rois, qui sous vos pieds regardez tout le monde,
Pouvez-vous comparer votre bonheur au mien ?
Mais, Philis, une pensée
Vient troubler ou doux transport.
Un rival, un rival...

ANGÉLIQUE.

Ah ! je le hais plus que la mort ;
Et sa présence, ainsi qu'à vous,
M'est un cruel supplice.

CLÉANTE.

Mais un père à ses vœux vous veut assujétir.

ANGÉLIQUE.

Plutôt, plutôt mourir,
Que de jamais y consentir.
Plutôt, plutôt mourir, plutôt mourir.

ARGAN.

Et que dit le père à tout cela ?

CLÉANTE.

Il ne dit rien.

ARGAN.

Voilà un sot père que ce père-là, de souffrir toutes ces sottises-là sans rien dire.

CLÉANTE, voulant continuer à chanter.

Ah! mon amour...

ARGAN.

Non, non, en voilà assez. Cette comédie-là est de fort mauvais exemple. Le berger Tircis est un impertinent, et la bergère Philis une impudente de parler de la sorte devant son père. (A Angélique.) Montrez-moi ce papier. Ah! ah! où sont donc les paroles que vous dites? Il n'y a là que de la musique écrite.

CLÉANTE.

Est-ce que vous ne savez pas, monsieur, qu'on a trouvé depuis peu l'invention d'écrire les paroles avec les notes mêmes?

ARGAN.

Fort bien. Je suis votre serviteur, monsieur; jusqu'au revoir. Nous nous serions bien passés de votre impertinent opéra.

CLÉANTE.

J'ai cru vous divertir.

ARGAN.

Les sottises ne divertissent point. Ah! voici ma femme.

SCÈNE VII.

BÉLINE, ARGAN, ANGÉLIQUE, M. DIAFOIRUS, THOMAS DIAFOIRUS, TOINETTE.

ARGAN.

M'amour, voilà le fils de monsieur Diafoirus.

THOMAS DIAFOIRUS.

Madame, c'est avec justice que le ciel vous a concédé le nom de belle-mère, puisque l'on voit sur votre visage...

BÉLINE.

Monsieur, je suis ravie d'être venue ici à propos pour avoir l'honneur de vous voir.

THOMAS DIAFOIRUS.

Puisque l'on voit sur votre visage... Puisque l'on voit sur votre visage... Madame, vous m'avez interrompu dans le milieu de ma période, et cela m'a troublé la mémoire.

M. DIAFOIRUS.

Thomas, réservez cela pour une autre fois.

ARGAN.

Je voudrois, m'amie, que vous eussiez été ici tantôt.

TOINETTE.

Ah! madame, vous avez bien perdu de n'avoir point été au second père, à la statue de Memnon, et à la fleur nommée héliotrope.

ARGAN.

Allons, ma fille, touchez dans la main de monsieur, et lui donnez votre foi, comme à votre mari.

ANGÉLIQUE.

Mon père... !

ARGAN.

Hé bien ! mon père ! qu'est-ce que cela veut dire ?

ANGÉLIQUE.

De grâce, ne précipitez point les choses. Donnez-nous au moins le temps de nous connoître, et de voir naître en nous, l'un pour l'autre, cette inclination si nécessaire à composer une union parfaite.

THOMAS DIAFOIRUS.

Quant à moi, mademoiselle, elle est déjà toute née en moi ; et je n'ai pas besoin d'attendre davantage.

ANGÉLIQUE.

Si vous êtes si prompt, monsieur, il n'en est pas de même de moi ; et je vous avoue que votre mérite n'a pas encore fait assez d'impression dans mon âme.

ARGAN.

Oh ! bien ! bien ! cela aura tout le loisir de se faire quand vous serez mariés ensemble.

ANGÉLIQUE.

Hé ! mon père, donnez-moi du temps, je vous prie. Le mariage est une chaîne où l'on ne doit jamais soumettre un cœur par force ; et si monsieur est honnête homme, il ne doit point vouloir accepter une personne qui seroit à lui par contrainte.

THOMAS DIAFOIRUS.

Nego consequentiam, mademoiselle ; et je puis être honnête homme, et vouloir bien vous accepter des mains de monsieur votre père.

ANGÉLIQUE.

C'est un méchant moyen de se faire aimer de quelqu'un, que de lui faire violence.

THOMAS DIAFOIRUS.

Nous lisons des anciens, mademoiselle, que leur coutume étoit d'enlever par force de la maison des pères les filles qu'on menoit marier ; afin qu'il ne semblât pas que ce fût de leur consentement qu'elles convoloient dans les bras d'un homme.

ANGÉLIQUE.

Les anciens, monsieur, sont les anciens, et nous sommes les gens de maintenant. Les grimaces ne sont point nécessaires dans notre siècle ; et quand un mariage nous plaît, nous savons fort bien y aller sans qu'on nous y traîne. Donnez-vous patience ; si vous m'aimez, monsieur, vous devez vouloir tout ce que je veux.

THOMAS DIAFOIRUS.

Oui, mademoiselle, jusqu'aux intérêts de mon amour exclusivement.

ANGÉLIQUE.

Mais la grande marque d'amour, c'est d'être soumis aux volontés de celle qu'on aime.

THOMAS DIAFOIRUS.

Distinguo, mademoiselle. Dans ce qui ne regarde point sa possession, *concedo*; mais dans ce qui la regarde *nego*.

TOINETTE, à Angélique.

Vous avez beau raisonner; monsieur est frais émoulu du collége, et il vous donnera toujours votre reste. Pourquoi tant résister, et refuser la gloire d'être attachée au corps de la faculté?

BÉLINE.

Elle a peut-être quelque inclination en tête.

ANGÉLIQUE.

Si j'en avois, madame, elle seroit telle que la raison et l'honnêteté pourroient me la permettre.

ARGAN.

Ouais! je joue ici un plaisant personnage.

BÉLINE.

Si j'étois que de vous, mon fils, je ne la forcerois point à se marier; et je sais bien ce que je ferois.

ANGÉLIQUE.

Je sais, madame, ce que vous voulez dire, et les bontés que vous avez pour moi; mais peut-être que vos conseils ne seront pas assez heureux pour être exécutés.

BÉLINE.

C'est que les filles bien sages et bien honnêtes comme vous se moquent d'être obéissantes et soumises aux volontés de leur père. Cela étoit bon autrefois.

ANGÉLIQUE.

Le devoir d'une fille a des bornes, madame;

et la raison et les lois ne l'étendent point à toutes sortes de choses.

BÉLINE.

C'est-à-dire que vos pensées ne sont que pour le mariage ; mais vous voulez choisir un époux à votre fantaisie.

ANGÉLIQUE.

Si mon père ne veut pas me donner un mari qui me plaise, je le conjurerai au moins de ne me point forcer à en épouser un que je ne puisse pas aimer.

ARGAN.

Messieurs, je vous demande pardon de tout ceci.

ANGÉLIQUE.

Chacun a son but en se mariant. Pour moi, qui ne veux un mari que pour l'aimer véritablement, et qui prétends en faire tout l'attachement de ma vie, je vous avoue que j'y cherche quelque précaution. Il y en a d'aucunes (*) qui prennent des maris seulement pour se tirer de la contrainte de leurs parents, et se mettre en état de faire tout ce qu'elles voudront. Il y en a d'autres, madame, qui font du mariage un commerce de pur intérêt, qui ne se marient que pour gagner des douaires, que pour s'enrichir par la mort de ceux qu'elles épousent, et courent sans scrupule de mari en mari pour s'approprier

_____

(*) Ancienne manière de s'exprimer dans la conversation, mais qu'on ne pourroit plus employer aujourd'hui.

leurs dépouilles. Ces personnes-là, à la vérité, n'y cherche pas tant de façons, et regardent peu la personne.

BÉLINE.

Je vous trouve aujourd'hui bien raisonnante, et je voudrois bien savoir ce que vous voulez dire par-là.

ANGÉLIQUE.

Moi, madame? Que voudrois-je dire que ce que je dis?

BÉLINE.

Vous êtes si sotte, m'amie, qu'on ne sauroit plus vous souffrir.

ANGÉLIQUE.

Vous voudriez bien, madame, m'obliger à vous répondre quelque impertinence; mais je vous avertis que vous n'aurez pas cet avantage.

BÉLINE.

Il n'est rien d'égal à votre insolence.

ANGÉLIQUE.

Non, madame, vous avez beau dire.

BÉLINE.

Et vous avez un ridicule orgueil, une impertinente présomption, qui fait hausser les épaules à tout le monde.

ANGÉLIQUE.

Tout cela, madame, ne servira de rien; je serai sage en dépit de vous; et, pour vous ôter l'espérance de pouvoir réussir dans ce que vous voulez, je vais m'ôter de votre vue.

SCÈNE VIII.

ARGAN, BÉLINE, M. DIAFOIRUS, THOMAS DIAFOIRUS, TOINETTE.

ARGAN, à Angélique, qui sort.

Écoute, il n'y a point de milieu à cela : choisis d'épouser dans quatre jours ou monsieur, ou un couvent. (A Béline.) Ne vous en mettez pas en peine, je la rangerai bien.

BÉLINE.

Je suis fâchée de vous quitter, mon fils ; mais j'ai une affaire en ville dont je ne puis me dispenser. Je reviendrai bientôt.

ARGAN.

Allez, m'amour ; et passez chez votre notaire, afin qu'il expédie ce que vous savez.

BÉLINE.

Adieu, mon petit ami.

ARGAN.

Adieu, m'amie.

SCÈNE IX.

ARGAN, M. DIAFOIRUS, THOMAS DIAFOIRUS, TOINETTE.

ARGAN.

Voilà une femme qui m'aime... Cela n'est pas croyable.

M. DIAFOIRUS.

Nous allons, monsieur, prendre congé de vous.

ARGAN.

Je vous prie, monsieur, de me dire un peu comment je suis.

M. DIAFOIRUS, *tâtant le pouls d'Argant.*

Allons, Thomas, prenez l'autre bras de monsieur, pour voir si vous saurez porter un bon jugement de son pouls. *Quid dicis ?*

THOMAS DIAFOIRUS.

Dico que le pouls de monsieur est le pouls d'un homme qui ne se porte point bien.

M. DIAFOIRUS.

Bon.

THOMAS DIAFOIRUS.

Qu'il est duriuscule, pour ne pas dire dur.

M. DIAFOIRUS.

Fort bien.

THOMAS DIAFOIRUS.

Repoussant.

M. DIAFOIRUS.

Benè.

THOMAS DIAFOIRUS.

Et même un peu capricant.

M. DIAFOIRUS.

Optimè.

THOMAS DIAFOIRUS.

Ce qui marque une intempérie dans le *parenchyme splénique*, c'est-à-dire la rate.

M. DIAFOIRUS.

Fort bien.

ARGAN.

Non; monsieur Purgon dit que c'est mon foie qui est malade.

M. DIAFOIRUS.

Eh! oui : qui dit *parenchyme* dit l'un et l'autre, à cause de l'étroite sympathie qu'ils ont ensemble par le moyen du *vas breve*, du *pylore*, et souvent des *méats cholidoques*. Il vous ordonne sans doute de manger force rôti ?

ARGAN.

Non, rien que du bouilli.

M. DIAFOIRUS.

Eh! oui : rôti, bouilli, même chose. Il vous ordonne fort prudemment, et vous ne pouvez être en de meilleures mains.

ARGAN.

Monsieur, combien est-ce qu'il faut mettre de grains de sel dans un œuf ?

M. DIAFOIRUS.

Six, huit, dix, par les nombres pairs, comme dans les médicaments par les nombres impairs.

ARGAN.

Jusqu'au revoir, monsieur.

SCÈNE X.

BÉLINE, ARGAN.

BÉLINE.

Je viens, mon fils, avant que de sortir, vous donner avis d'une chose à laquelle il faut que vous preniez garde. En passant par-devant la chambre d'Angélique, j'ai vu un jeune homme avec elle, qui s'est sauvé d'abord qu'il m'a vue.

ARGAN.

Un jeune homme avec ma fille ?

BÉLINE.

Oui. Votre petite fille Louison étoit avec eux, qui pourra vous en dire des nouvelles.

ARGAN.

Envoyez-la ici, m'amour. Envoyez-la ici. Ah ! l'effrontée. (Seul.) Je ne m'étonne plus de sa résistance.

SCÈNE XI.

ARGAN, LOUISON.

LOUISON.

Qu'est-ce que vous me voulez, mon papa ? Ma belle-maman m'a dit que vous me demandez.

ARGAN.

Oui, venez çà ; avancez là. Tournez-vous. Levez les yeux. Regardez-moi. Hé ?

LOUISON.

Quoi, mon papa ?

ARGAN.

Là ?

LOUISON.

Quoi ?

ARGAN.

N'avez-vous rien à me dire ?

LOUISON.

Je vous dirai, si vous voulez, pour vous désennuyer, le conte de Peau-d'âne, ou bien la fable du corbeau et du renard, qu'on m'a apprise depuis peu.

ARGAN.

Ce n'est pas cela que je demande.

LOUISON.

Quoi donc ?

ARGAN.

Ah ! rusée, vous savez bien ce que je veux dire !

LOUISON.

Pardonnez-moi, mon papa.

ARGAN.

Est-ce là comme vous m'obéissez ?

LOUISON.

Quoi ?

ARGAN.

Ne vous ai-je pas recommandé de me venir dire d'abord tout ce que vous voyez ?

LOUISON.

Oui, mon papa.

ARGAN.

L'avez-vous fait ?

LOUISON.

Oui, mon papa. Je vous suis venue dire tout ce que j'ai vu.

ARGAN.

Et n'avez-vous rien vu aujourd'hui ?

LOUISON.

Non, mon papa.

ARGAN.

Non ?

LOUISON.

Non, mon papa.

ARGAN.

Assurément?

LOUISON.

Assurément.

ARGAN.

Oh çà! je m'en vais vous faire voir quelque chose, moi.

LOUISON, voyant une poignée de verges qu'Argan a été prendre.

Ah! mon papa!

ARGAN.

Ah! ah! petite masque, vous ne me dites pas que vous avez vu un homme dans la chambre de votre sœur!

LOUISON, pleurant.

Mon papa!

ARGAN, prenant Louison par le bras.

Voici qui vous apprendra à mentir.

LOUISON, se jetant à genoux.

Ah! mon papa, je vous demande pardon. C'est que ma sœur m'avoit dit de ne pas vous le dire : mais je m'en vais vous dire tout.

ARGAN.

Il faut premièrement que vous ayez le fouet pour avoir menti. Puis après nous verrons au reste.

LOUISON.

Pardon, mon papa.

ARGAN.

Non, non.

ACTE II, SCÈNE XI.

LOUISON.

Mon pauvre papa, ne me donnez pas le fouet.

ARGAN.

Vous l'aurez.

LOUISON.

Au nom de Dieu, mon papa, que je ne l'aie pas!

ARGAN, *voulant la fouetter.*

Allons, allons.

LOUISON.

Ah! mon papa, vous m'avez blessée. Attendez, je suis morte.

(*Elle contrefait la morte.*)

ARGAN.

Holà! qu'est-ce là? Louison, Louison. Ah! mon Dieu! Louison! Ah! ma fille! Ah! malheureux! ma pauvre fille est morte! Qu'ai-je fait, misérable? Ah! chiennes de verges! La peste soit des verges! Ah! ma pauvre fille! ma pauvre petite Louison!

LOUISON.

Là, là, mon papa, ne pleurez point tant : je ne suis pas morte tout-à-fait.

ARGAN.

Voyez-vous la petite rusée! Oh çà, çà, je vous pardonne pour cette fois-ci, pourvu que vous me disiez bien tout.

LOUISON.

Oh! oui, mon papa.

ARGAN.

Prenez-y bien garde au moins : car voilà un petit doigt, qui sait tout, qui me dira si vous mentez.

LOUISON.

Mais, mon papa, ne dites pas à ma sœur que je vous l'ai dit.

ARGAN.

Non, non.

LOUISON, après avoir regardé si personne n'écoute.

C'est, mon papa, qu'il est venu un homme dans la chambre de ma sœur comme j'y étois.

ARGAN.

Hé bien ?

LOUISON.

Je lui ai demandé ce qu'il demandoit, et il m'a dit qu'il étoit son maître à chanter.

ARGAN, à part.

Hom! hom! voilà l'affaire. (A Louison.) Hé bien?

LOUISON.

Ma sœur est venue après.

ARGAN.

Hé bien ?

LOUISON.

Elle lui a dit, Sortez, sortez, sortez. Mon Dieu, sortez, vous me mettez au désespoir.

ARGAN.

Hé bien ?

LOUISON.

Et lui ne vouloit pas sortir.

ARGAN.

Qu'est-ce qu'il lui disoit ?

LOUISON.

Il lui disoit je ne sais combien de choses.

ACTE II, SCÈNE XI.

ARGAN.

Et quoi encore ?

LOUISON.

Il lui disoit tout-ci, tout-çà, qu'il l'aimoit bien, et qu'elle étoit la plus belle du monde.

ARGAN.

Et puis après ?

LOUISON.

Et puis après il se mettoit à genoux devant elle.

ARGAN.

Et puis après ?

LOUISON.

Et puis après, il lui baisoit les mains.

ARGAN.

Et puis après ?

LOUISON.

Et puis après, ma belle-maman est venue à la porte, et il s'est enfui.

ARGAN.

Il n'y a point autre chose ?

LOUISON.

Non, mon papa.

ARGAN.

Voilà mon petit doigt pourtant qui gronde quelque chose. (Mettant son doigt à son oreille.) Attendez. Hé ! Ah ! ah ! Oui ? Oh ! oh ! voilà mon petit doigt qui me dit quelque chose que vous avez vu et que vous ne m'avez pas dit.

LOUISON.

Ah ! mon papa, votre petit doigt est un menteur.

ARGAN.

Prenez garde.

LOUISON.

Non, mon papa, ne le croyez pas ; il ment, je vous assure.

ARGAN.

Oh bien ! bien ! nous verrons cela. Allez-vous-en, et prenez bien garde à tout ; allez. (Seul.) Ah ! il n'y a plus d'enfants ! Ah ! que d'affaires ! je n'ai pas seulement le loisir de songer à ma maladie. En vérité, je n'en puis plus.

(Il se laisse tomber dans sa chaise.)

SCÈNE XII.

BÉRALDE, ARGAN.

BÉRALDE.

Hé bien ! mon frère, qu'est-ce ? Comment vous portez-vous ?

ARGAN.

Ah ! mon frère, fort mal.

BÉRALDE.

Comment fort mal ?

ARGAN.

Oui. Je suis dans une foiblesse si grande, que cela n'est pas croyable.

BÉRALDE.

Voilà qui est fâcheux.

ARGAN.

Je n'ai pas seulement la force de pouvoir parler.

BÉRALDE.

J'étois venu ici, mon frère, vous proposer un parti pour ma nièce Angélique.

ARGAN, parlant avec emportement, et se levant de sa chaise.

Mon frère, ne me parlez point de cette coquine-là. C'est une friponne, une impertinente, une effrontée, que je mettrai dans un couvent avant qu'il soit deux jours.

BÉRALDE.

Ah! voilà qui est bien! Je suis bien aise que la force vous revienne un peu, et que ma visite vous fasse du bien. Oh çà! nous parlerons d'affaires tantôt. Je vous amène ici un divertissement que j'ai rencontré, qui dissipera votre chagrin, et vous rendra l'âme mieux disposée aux choses que nous avons à dire. Ce sont des Égyptiens vêtus en Maures, qui font des danses mêlées de chansons, où je suis sûr que vous prendrez plaisir; et cela vaudra bien une ordonnance de monsieur Purgon. Allons.

FIN DU SECOND ACTE.

SECOND INTERMÈDE.

UNE ÉGYPTIENNE chantante; UN ÉGYPTIEN chantant; ÉGYPTIENS et ÉGYPTIENNES dansants, vêtus en maures, et portant des singes.

UNE ÉGYPTIENNE.

Profitez du printemps
De vos beaux ans,
Aimable jeunesse;
Profitez du printemps
De vos beaux ans;
Donnez-vous à la tendresse.
Les plaisirs les plus charmants
Sans l'amoureuse flamme,
Pour contenter une âme
N'ont point d'attraits assez puissants.
Profitez du printemps
De vos beaux ans,
Aimable jeunesse;
Profitez du printemps
De vos beaux ans;
Donnez-vous à la tendresse.
Ne perdez point ces précieux moments :
La beauté passe,
Le temps l'efface;

L'âge de glace
Vient à sa place,
Qui nous ôte le goût de ces doux passe-temps.
Profitez du printemps
De vos beaux ans,
Aimable jeunesse ;
Profitez du printemps
De vos beaux ans ;
Donnez-vous à la tendresse.

PREMIÈRE ENTRÉE DE BALLET.

(Danse des Égyptiens et des Egyptiennes.)

UN ÉGYPTIEN.

Quand d'aimer on vous presse,
A quoi songez-vous ?
Nos cœurs dans la jeunesse,
N'ont vers la tendresse
Qu'un penchant trop doux.
L'amour a, pour nous prendre,
De si doux attraits,
Que de soi, sans attendre,
On voudroit se rendre
A ses premiers traits ;
Mais tout ce qu'on écoute
Des vives douleurs
Et des pleurs qu'il nous coûte
Fait qu'on en redoute
Toutes les douceurs.

(A l'Égyptienne.)

Il est doux à votre âge,
D'aimer tendrement
Un amant

Qui s'engage :
Mais s'il est volage,
Hélas ! quel tourment !

L'ÉGYPTIENNE.

L'amant qui se dégage
N'est pas le malheur ;
La douleur
Et la rage,
C'est que le volage
Garde notre cœur.

L'ÉGYPTIEN.

Quel parti faut-il prendre
Pour nos jeunes cœurs ?

L'ÉGYPTIENNE.

Faut-il nous en défendre
Et fuir ses douceurs ?

L'ÉGYPTIEN.

Devons-nous nous y rendre
Malgré ses rigueurs ?

TOUS DEUX ENSEMBLE.

Oui, suivons ses ardeurs,
Ses transports, ses caprices,
Ses douces langueurs :
S'il a quelques supplices,
Il a cent délices
Qui charment les cœurs.

DEUXIÈME ENTRÉE DE BALLET.

(Les Égyptiens et Égyptiennes dansent, et font sauter des singes qu'ils ont amenés avec eux.)

FIN DU SECOND INTERMÈDE.

ACTE TROISIÈME.

SCÈNE I.
BÉRALDE, ARGAN, TOINETTE.

BÉRALDE.

Hé bien! mon frère, qu'en dites-vous? Cela ne vaut-il pas bien une prise de casse?

TOINETTE.

Hom! de bonne casse est bonne.

BÉRALDE.

Oh çà! voulez-vous que nous parlions un peu ensemble?

ARGAN.

Un peu de patience, mon frère : je vais revenir.

TOINETTE.

Tenez, monsieur, vous ne songez pas que vous ne sauriez marcher sans bâton.

ARGAN.

Tu as raison.

SCÈNE II.

BÉRALDE, TOINETTE.

TOINETTE.

N'ABANDONNEZ pas, s'il vous plaît, les intérêts de votre nièce.

BÉRALDE.

J'emploierai toutes choses pour lui obtenir ce qu'elle souhaite.

TOINETTE.

Il faut absolument empêcher ce mariage extravagant qu'il s'est mis dans la fantaisie ; et j'avois songé en moi-même que ç'auroit été une bonne affaire de pouvoir introduire ici un médecin à notre poste, pour le dégoûter de monsieur Purgon, et lui décrier sa conduite. Mais comme nous n'avons personne en main pour cela, j'ai résolu de jouer un tour de ma tête.

BÉRALDE.

Comment ?

TOINETTE.

C'est une imagination burlesque. Cela sera peut-être plus heureux que sage. Laissez-moi faire. Agissez de votre côté. Voici notre homme.

SCÈNE III.

ARGAN, BÉRALDE.

BÉRALDE.

Vous voulez bien, mon frère, que je vous demande, avant toute chose, de ne vous point échauffer l'esprit dans notre conversation...

ARGAN.

Voilà qui est fait.

BÉRALDE.

De répondre sans nulle aigreur aux choses que je pourrai vous dire...

ARGAN.

Oui.

BÉRALDE.

Et de raisonner ensemble, sur les affaires dont nous avons à parler, avec un esprit détaché de toute passion.

ARGAN.

Mon Dieu! oui. Voilà bien du préambule.

BÉRALDE.

D'où vient, mon frère, qu'ayant le bien que vous avez, et n'ayant d'enfants qu'une fille, car je ne compte pas la petite; d'où vient, dis-je, que vous parlez de la mettre dans un couvent?

ARGAN.

D'où vient, mon frère, que je suis maître dans ma famille pour faire ce que bon me semble?

BÉRALDE.

Votre femme ne manque pas de vous conseiller de vous défaire ainsi de vos deux filles; et je ne doute point que, par un esprit de charité, elle ne fût ravie de les voir toutes deux bonnes religieuses.

ARGAN.

Oh çà, nous y voici. Voilà d'abord la pauvre

femme en jeu : c'est elle qui fait tout le mal, et tout le monde lui en veut.

BÉRALDE.

Non, mon frère, laissons-la là : c'est une femme qui a les meilleures intentions du monde pour votre famille, et qui est détachée de toute sorte d'intérêts ; qui a pour vous une tendresse merveilleuse, et qui montre pour vos enfants une affection et une bonté qui n'est pas concevable, cela est certain. N'en parlons point, et revenons à votre fille. Sur quelle pensée, mon frère, la voulez-vous donner en mariage au fils d'un médecin ?

ARGAN.

Sur la pensée, mon frère, de me donner un gendre tel qu'il me faut.

BÉRALDE.

Ce n'est point là, mon frère, le fait de votre fille ; et il se présente un parti plus sortable pour elle.

ARGAN.

Oui ; mais celui-ci, mon frère, est plus sortable pour moi.

BÉRALDE.

Mais le mari qu'elle doit prendre doit-il être, mon frère, ou pour elle, ou pour vous ?

ARGAN.

Il doit être, mon frère, et pour elle et pour moi ; et je veux mettre dans ma famille les gens dont j'ai besoin.

BÉRALDE.

Par cette raison-là, si votre petite étoit grande, vous lui donneriez en mariage un apothicaire.

ARGAN.

Pourquoi non?

BÉRALDE.

Est-il possible que vous serez toujours embéguiné de vos apothicaires et de vos médecins, et que vous vouliez être malade en dépit des gens et de la nature!

ARGAN.

Comment l'entendez-vous, mon frère?

BÉRALDE.

J'entends, mon frère, que je ne vois point d'homme qui soit moins malade que vous, et que je ne demanderois point une meilleure constitution que la vôtre. Une grande marque que vous vous portez bien, et que vous avez un corps parfaitement bien composé, c'est qu'avec tous les soins que vous avez pris, vous n'avez pu parvenir encore à gâter la bonté de votre tempérament, et que vous n'êtes point crevé de toutes les médecines qu'on vous a fait prendre.

ARGAN.

Mais savez-vous, mon frère, que c'est cela qui me conserve; et que M. Purgon dit que je succomberois, s'il étoit seulement trois jours sans prendre soin de moi?

BÉRALDE.

Si vous n'y prenez garde, il prendra tant de soin de vous, qu'il vous enverra dans l'autre monde.

ARGAN.

Mais raisonnons un peu, mon frère. Vous ne croyez donc point à la médecine ?

BÉRALDE.

Non, mon frère; et je ne vois pas que, pour son salut, il soit nécessaire d'y croire.

ARGAN.

Quoi ! vous ne tenez pas véritable une chose établie par tout le monde, et que tout les siècles ont révérée ?

BÉRALDE.

Bien loin de la tenir véritable, je la trouve, entre nous, une des plus grandes folies qui soient parmi les hommes; et, à regarder les choses en philosophe, je ne vois point de plus plaisante momerie, je ne vois rien de plus ridicule, qu'un homme qui se veut mêler d'en guérir un autre.

ARGAN.

Pourquoi ne voulez-vous pas, mon frère, qu'un homme en puisse guérir un autre ?

BÉRALDE.

Par la raison, mon frère, que les ressorts de notre machine sont des mystères jusqu'ici où les hommes ne voient goutte, et que la nature nous a mis au-devant des yeux des voiles trop épais pour y connoître quelque chose.

ARGAN.

Les médecins ne savent donc rien, à votre compte ?

BÉRALDE.

Si fait, mon frère : ils savent la plupart de fort

belles humanités (*), savent parler en beau latin, savent nommer en grec toutes les maladies, les définir et les diviser ; mais pour ce qui est de les guérir, c'est ce qu'ils ne savent point du tout.

ARGAN.

Mais toujours faut-il demeurer d'accord que, sur cette matière, les médecins en savent plus que les autres.

BÉRALDE.

Ils savent, mon frère, ce que je vous ai dit, qui ne guérit pas de grand'chose ; et toute l'excellence de leur art consiste en un pompeux galimatias, en un spécieux babil, qui vous donne des mots pour des raisons, et des promesses pour des effets.

ARGAN.

Mais enfin, mon frère, il y a des gens aussi sages et aussi habiles que vous ; et nous voyons que dans la maladie tout le monde a recours aux médecins.

BÉRALDE.

C'est une marque de la foiblesse humaine, et non pas de la vérité de leur art.

ARGAN.

Mais il faut bien que les médecins croient leur art véritable, puisqu'ils s'en servent pour eux-mêmes.

(*) *Ils savent de fort belles humanités* ; ancienne façon de parler qui veut dire, que les médecins sont instruits de ce qu'on enseigne dans les classes d'humanité.

BÉRALDE.

C'est qu'il y en a parmi eux qui sont eux-mêmes dans l'erreur populaire, dont ils profitent, et d'autres qui en profitent sans y être. Votre monsieur Purgon, par exemple, n'y fait point de finesse : c'est un homme tout médecin, depuis la tête jusqu'aux pieds ; un homme qui croit à ses règles plus qu'à toutes les démonstrations des mathématiques, et qui croiroit du crime à les vouloir examiner ; qui ne voit rien d'obscur dans la médecine, rien de douteux, rien de difficile ; et qui, avec une impétuosité de prévention, une roideur de confiance, une brutalité de sens commun et de raison, donne au travers des purgations et des saignées, et ne balance aucune chose. Il ne lui faut point vouloir mal de tout ce qu'il pourra vous faire, c'est de la meilleure foi du monde qu'il vous expédiera ; et il ne fera, en vous tuant, que ce qu'il a fait à sa femme et à ses enfants, et ce qu'en un besoin il feroit à lui-même.

ARGAN.

C'est que vous avez, mon frère, une dent de lait contre lui. Mais enfin venons au fait. Que faire donc quand on est malade ?

BÉRALDE.

Rien, mon frère.

ARGAN.

Rien ?

BÉRALDE.

Rien. Il ne faut que demeurer en repos. La

nature d'elle-même, quand nous la laissons faire, se tire doucement du désordre où elle est tombée. C'est notre inquiétude, c'est notre impatience qui gâte tout; et presque tous les hommes meurent de leurs remèdes, et non pas de leurs maladies..

ARGAN.

Mais il faut demeurer d'accord, mon frère, qu'on peut aider cette nature par de certaines choses.

BÉRALDE.

Mon Dieu, mon frère, ce sont pures idées dont nous aimons à nous repaître; et de tout temps il s'est glissé parmi les hommes de belles imaginations, que nous venons à croire parce qu'elles nous flattent, et qu'il seroit à souhaiter qu'elles fussent véritables. Lorsqu'un médecin vous parle d'aider, de secourir, de soulager la la nature, de lui ôter ce qui lui nuit et lui donner ce qui lui manque, de la rétablir et de la remettre dans une pleine facilité de ses fonctions; lorsqu'il vous parle de rectifier le sang, de tempérer les entrailles et le cerveau, de dégonfler la rate, de raccommoder la poitrine, de réparer le foie, de fortifier le cœur, de rétablir et conserver la chaleur naturelle, et d'avoir des secrets pour étendre la vie à de longues années; il vous dit justement le roman de la médecine. Mais quand vous en venez à la vérité et à l'expérience, vous ne trouvez rien de tout cela; et il en est comme de ces beaux songes qui ne vous laissent au réveil que le déplaisir de les avoir crus.

ARGAN.

C'est-à-dire que toute la science du monde est renfermée dans votre tête ; et vous voulez en savoir plus que tous les grands médecins de notre siècle.

BÉRALDE.

Dans les discours et dans les choses, ce sont deux sortes de personnes que vos grands médecins : entendez-les parler ; les plus habiles gens du monde : voyez-les faire ; les plus ignorants de tous les hommes.

ARGAN.

Ouais ! vous êtes un grand docteur, à ce que je vois ; et je voudrois bien qu'il y eût ici quelqu'un de ces messieurs pour rambarrer vos raisonnements et rabaisser votre caquet.

BÉRALDE.

Moi, mon frère, je ne prends point à tâche de combattre la médecine ; et chacun, à ses péril et fortune, peut croire tout ce qu'il lui plaît. Ce que j'en dis n'est qu'entre nous ; et j'aurois souhaité de pouvoir un peu vous tirer de l'erreur où vous êtes, et, pour vous divertir, vous mener voir sur ce chapitre quelqu'une des comédies de Molière.

ARGAN.

C'est un bon impertinent que votre Molière, avec ses comédies ; et je le trouve bien plaisant d'aller jouer d'honnêtes gens comme les médecins !

BÉRALDE.

Ce ne sont point les médecins qu'il joue, mais le ridicule de la médecine.

ARGAN.

C'est bien à lui à faire de se mêler de contrôler la médecine ! Voilà un bon nigaud, un bon impertinent, de se moquer des consultations et des ordonnances, de s'attaquer au corps des médecins, et d'aller mettre sur son théâtre des personnes vénérables comme ces messieurs-là !

BÉRALDE.

Que voulez-vous qu'il y mette que les diverses professions des hommes ? On y met bien tous les jours les princes et les rois, qui sont d'aussi bonne maison que les médecins.

ARGAN.

Par la mort non de diable ! si j'étois que des médecins, je me vengerois de son impertinence ; et quand il sera malade, je le laisserois mourir sans secours. Il auroit beau faire et beau dire, je ne lui ordonnerois pas la moindre petite saignée, le moindre petit lavement ; et je lui dirois, Crève, crève ; cela t'apprendra une autre fois à te jouer à la faculté.

BÉRALDE.

Vous voilà bien en colère contre lui.

ARGAN.

Oui, c'est un malavisé ; et si les médecins sont sages, ils feront ce que je dis.

BÉRALDE.

Il sera encore plus sage que vos médecins, car il ne leur demandera point de secours.

ARGAN.

Tant pis pour lui, s'il n'a point recours aux remèdes.

BÉRALDE.

Il a ses raisons pour n'en point vouloir, et il soutient que cela n'est permis qu'aux gens vigoureux et robustes, et qui ont des forces de reste pour porter les remèdes avec la maladie; mais que, pour lui, il n'a justement de la force que pour porter son mal.

ARGAN.

Les sottes raisons que voilà! Tenez, mon frère, ne parlons point de cet homme-là davantage, car cela m'échauffe la bile, et vous me donneriez mon mal.

BÉRALDE.

Je le veux bien, mon frère : et pour changer de discours, je vous dirai que, sur une petite répugnance que vous témoigne votre fille, vous ne devez point prendre les résolutions violentes de la mettre dans un couvent ; que pour le choix d'un gendre il ne vous faut pas suivre aveuglément la passion qui vous emporte; et qu'on doit, sur cette matière, s'accommoder un peu à l'inclination d'une fille, puisque c'est pour toute la vie, et que de là dépend tout le bonheur d'un mariage.

SCÈNE IV.

M. FLEURANT, UNE SERINGUE A LA MAIN ; ARGAN, BÉRALDE.

ARGAN.

Ah ! mon frère, avec votre permission.

BÉRALDE.

Comment ! que voulez-vous faire ?

ARGAN.

Prendre ce petit lavement-là, ce sera bientôt fait.

BÉRALDE.

Vous vous moquez : est-ce que vous ne sauriez être un moment sans lavement ou sans médecine ? Remettez cela à une autre fois, et demeurez un peu en repos.

ARGAN.

Monsieur Fleurant, à ce soir, ou à demain au matin.

M. FLEURANT, à Béralde.

De quoi vous mêlez-vous de vous opposer aux ordonnances de la médecine, et d'empêcher monsieur de prendre mon clystère ? Vous êtes bien plaisant d'avoir cette hardiesse-là !

BÉRALDE.

Allez, monsieur, on voit bien que vous n'avez pas accoutumé de parler à des visages.

M. FLEURANT.

On ne doit point ainsi se jouer des remèdes, et me faire perdre mon temps. Je ne suis venu ici que sur une bonne ordonnance ; et je vais dire à monsieur Purgon comme on m'a empêché d'exécuter ses ordres, et de faire ma fonction. Vous verrez, vous verrez.

SCÈNE V.

ARGAN, BÉRALDE.

ARGAN.

Mon frère, vous serez cause ici de quelque malheur.

BÉRALDE.

Le grand malheur de ne pas prendre un lavement que monsieur Purgon a ordonné ! Encore un coup, mon frère, est-il possible qu'il n'y ait pas moyen de vous guérir de la maladie des médecins, et que vous vouliez être toute votre vie enseveli dans leurs remèdes !

ARGAN.

Mon Dieu ! mon frère, vous en parlez comme un homme qui se porte bien : mais si vous étiez à ma place, vous changeriez bien de langage. Il est aisé de parler contre la médecine quand on est en pleine santé.

BÉRALDE.

Mais quel mal avez-vous ?

ARGAN.

Vous me feriez enrager ! Je voudrois que vous l'eussiez, mon mal, pour voir si vous jaseriez tant. Ah ! voici monsieur Purgon.

SCÈNE VI.

M. PURGON, ARGAN, BÉRALDE, TOINETTE.

M. PURGON.

Je viens d'apprendre là-bas à la porte de jolies nouvelles ; qu'on se moque ici de mes ordonnances, et qu'on a fait refus de prendre le remède que j'avois prescrit.

ARGAN.

Monsieur, ce n'est pas...

M. PURGON.

Voilà une hardiesse bien grande, une étrange rébellion d'un malade contre son médecin !

TOINETTE.

Cela est épouvantable.

M. PURGON.

Un clystère que j'avois pris plaisir à composer moi-même !

ARGAN.

Ce n'est pas moi...

M. PURGON.

Inventé et formé dans toutes les règles de l'art.

TOINETTE.

Il a tort.

M. PURGON.

Et qui devoit faire dans des entrailles un effet merveilleux.

ARGAN.

Mon frère...

M. PURGON.

Le renvoyer avec mépris!

ARGAN, montrant Béralde.

C'est lui...

M. PURGON.

C'est un action exorbitante.

TOINETTE.

Cela est vrai...

M. PURGON.

Un attentat énorme contre la médecine.

ARGAN, montrant Béralde.

Il est cause...

M. PURGON.

Un crime de lèse-faculté, qui ne se peut assez punir.

TOINETTE.

Vous avez raison.

M. PURGON.

Je vous déclare que je romps commerce avec vous.

ARGAN.

C'est mon frère...

M. PURGON.

Que je ne veux plus d'alliance avec vous.

TOINETTE.

Vous ferez bien.

M. PURGON.

Et que, pour finir toute liaison avec vous, voilà la donation que je faisois à mon neveu en faveur du mariage.

ARGAN.

C'est mon frère qui a fait tout le mal.

ACTE III, SCÈNE VI.

M. PURGON.

Mépriser mon clystère !

ARGAN.

Faites-le venir, je m'en vais le prendre.

M. PURGON.

Je vous aurois tiré d'affaire avant qu'il fût peu.

TOINETTE.

Il ne le mérite pas.

M. PURGON.

J'allois nettoyer votre corps et en évacuer entièrement les mauvaises humeurs ;

ARGAN.

Ah ! mon frère !

M. PURGON.

Et je ne voulois plus qu'une douzaine de médecines pour vider le fond du sac.

TOINETTE.

Il est indigne de vos soins.

M. PURGON.

Mais puisque vous n'avez pas voulu guérir par mes mains,

ARGAN.

Ce n'est pas ma faute.

M. PURGON.

Puisque vous vous êtes soustrait de l'obéissance que l'on doit à son médecin,

TOINETTE.

Cela crie vengeance.

M. PURGON.

Puisque vous vous êtes déclaré rebelle aux remèdes que je vous ordonnois,

ARGAN.

Hé ! point du tout.

M. PURGON.

J'ai à vous dire que je vous abandonne à votre mauvaise constitution, à l'intempérie de vos entrailles, à la corruption de votre sang, à l'âcreté de votre bile, et à la féculence de vos humeurs.

TOINETTE.

C'est fort bien fait.

ARGAN.

Mon Dieu !

M. PURGON.

Et je veux qu'avant qu'il soit quatre jours vous deveniez dans un état incurable ;

ARGAN.

Ah ! miséricorde !

M. PURGON.

Que vous tombiez dans la bradypepsie,

ARGAN.

Monsieur Purgon !

M. PURGON.

De la bradypepsie dans la dyspepsie,

ARGAN.

Monsieur Purgon !

M. PURGON.

De la dyspepsie dans l'apepsie,

ARGAN.

Monsieur Purgon !

M. PURGON.

De l'apepsie dans la lienterie,

ARGAN.

Monsieur Purgon !

M. PURGON.

De la lienterie dans la dyssenterie,

ARGAN.

Monsieur Purgon !

M. PURGON.

De la dyssenterie dans l'hydropisie,

ARGAN.

Monsieur Purgon !

M. PURGON.

Et de l'hydropisie dans la privation de la vie, où vous aura conduit votre folie.

SCÈNE VII.

ARGAN, BÉRALDE.

ARGAN.

Ah ! mon Dieu ! je suis mort ! Mon frère ! vous m'avez perdu !

BÉRALDE.

Quoi ? qu'y a-t-il ?

ARGAN.

Je n'en puis plus. Je sens que déjà la médecine se venge.

BÉRALDE.

Ma foi, mon frère, vous êtes fou; et je ne voudrois pas pour beaucoup de choses qu'on vous vît faire ce que vous faites. Tâtez-vous un peu, je vous prie; revenez à vous-même, et ne donnez point tant à votre imagination.

ARGAN.

Vous voyez, mon frère, les étranges maladies dont il m'a menacé.

BÉRALDE.

Le simple homme que vous êtes!

ARGAN.

Il dit que je deviendrai incurable avant qu'il soit quatre jours.

BÉRALDE.

Et ce qu'il dit, que fait-il à la chose? Est-ce un oracle qui a parlé? Il semble, à vous entendre, que monsieur Purgon tienne dans ses mains le filet de vos jours, et que, d'autorité suprême, il vous l'allonge et vous le raccourcisse comme il lui plaît. Songez que les principes de votre vie sont en vous-même, et que le courroux de monsieur Purgon est aussi peu capable de vous faire mourir, que ses remèdes de vous faire vivre. Voici une aventure, si vous voulez, à vous défaire des médecins; ou, si vous êtes né à ne pouvoir vous en passer, il est aisé d'en avoir un autre, avec lequel, mon frère, vous puissiez courir un peu moins de risque.

ARGAN.

Ah ! mon frère, il sait tout mon tempérament, et la manière dont il faut me gouverner.

BÉRALDE.

Il faut avouer que vous êtes un homme d'une grande prévention, et que vous voyez les choses avec d'étranges yeux.

SCÈNE VIII.

ARGAN, BÉRALDE, TOINETTE.

TOINETTE, à Argan.

Monsieur, voilà un médecin qui demande à vous voir.

ARGAN.

Et quel médecin ?

TOINETTE.

Un médecin de la médecine.

ARGAN.

Je te demande qui il est.

TOINETTE.

Je ne le connois pas, mais il me ressemble comme deux gouttes d'eau ; et si je n'étois sûre que ma mère étoit honnête femme ; je dirois que ce seroit quelque petit frère qu'elle m'auroit donné depuis le trépas de mon père.

ARGAN.

Fais-le venir.

SCÈNE IX.

ARGAN, BÉRALDE.

BÉRALDE.

Vous êtes servi à souhait ; un médecin vous quitte, un autre se présente.

ARGAN.

J'ai bien peur que vous ne soyez cause de quelque malheur.

BÉRALDE.

Encore ! vous en revenez toujours là.

ARGAN.

Voyez-vous ; j'ai sur le cœur toutes ces maladies-là que je ne connois point, ces...

SCÈNE X.

ARGAN, BÉRALDE ; TOINETTE, EN MÉDECIN.

TOINETTE.

Monsieur, agréez que je vienne vous rendre visite, et vous offrir mes petits services pour toutes les saignées et les purgations dont vous aurez besoin.

ARGAN.

Monsieur, je vous suis fort obligé. (A Béralde.) Par ma foi, voilà Toinette elle-même.

TOINETTE.

Monsieur, je vous prie de m'excuser, j'ai oublié

de donner une commission à mon valet; je reviens tout à l'heure.

SCÈNE XI.

ARGAN, BÉRALDE.

ARGAN.

Hé! ne diriez-vous pas que c'est effectivement Toinette?

BÉRALDE.

Il est vrai que la ressemblance est tout-à-fait grande. Mais ce n'est pas la première fois qu'on a vu de ces sortes de choses, et les histoires ne sont pleines que de ces jeux de la nature.

ARGAN.

Pour moi, j'en suis surpris; et...

SCÈNE XII.

ARGAN, BÉRALDE, TOINETTE.

TOINETTE.

Que voulez-vous, monsieur?

ARGAN.

Comment?

TOINETTE.

Ne m'avez-vous pas appelée?

ARGAN.

Moi? non.

TOINETTE.

Il faut donc que les oreilles m'aient corné.

ARGAN.

Demeure un peu ici pour voir comme ce médecin te ressemble.

TOINETTE.

Oui, vraiment! j'ai affaire là-bas, et je l'ai assez vu.

SCÈNE XIII.
ARGAN, BÉRALDE.

ARGAN.

Si je ne les voyois tous deux, je croirois que ce n'est qu'un.

BÉRALDE.

J'ai lu des choses surprenantes de ces sortes de ressemblances ; et nous en avons vu, de notre temps, où tout le monde s'est trompé.

ARGAN.

Pour moi, j'aurois été trompé à celle-là ; et j'aurois juré que c'est la même personne.

SCÈNE XIV.
ARGAN, BÉRALDE; TOINETTE, EN MÉDECIN.

TOINETTE.

Monsieur, je vous demande pardon de tout mon cœur.

ARGAN, *bas, à Béralde.*

Cela est admirable.

TOINETTE.

Vous ne trouverez pas mauvais, s'il vous plaît,

ACTE III, SCÈNE XIV.

la curiosité que j'ai eue de voir un illustre malade comme vous êtes ; et votre réputation, qui s'étend partout, peut excuser la liberté que j'ai prise.

ARGAN.

Monsieur, je suis votre serviteur.

TOINETTE.

Je vois, monsieur, que vous me regardez fixement. Quel âge croyez-vous bien que j'aie ?

ARGAN.

Je crois que tout au plus vous pouvez avoir vingt-six ou vingt-sept ans.

TOINETTE.

Ah ! ah ! ah ! ah ! ah ! J'en ai quatre-vingt-dix.

ARGAN.

Quatre-vingt-dix ?

TOINETTE.

Oui. Vous voyez un effet des secrets de mon art, de me conserver ainsi frais et vigoureux.

ARGAN.

Par ma foi, voilà un beau jeune vieillard pour quatre-vingt-dix ans.

TOINETTE.

Je suis médecin passager qui vais de ville en ville, de province en province, de royaume en royaume, pour chercher d'illustres matières à ma capacité ; pour trouver des malades dignes de m'occuper, capables d'exercer les grands et beaux secrets que j'ai trouvés dans la médecine. Je dédaigne de m'amuser à ce menu fatras de maladies ordinaires, à ces bagatelles de rhumathimes et de fluxions, à ces fiévrotes, à ces vapeurs et à ces migraines. Je veux des maladies d'importance, de bonnes fièvres continues avec des transports au cerveau, de bonnes fièvres pourprées, de bonnes pestes, de bonnes hydropisies formées, de bonnes pleurésies avec des inflammations de poitrine ; c'est là que je me plais, c'est là que je triomphe ; et je voudrois, monsieur, que vous eussiez toutes les maladies que je viens de dire, que vous fussiez abandonné de tous les médecins, désespéré, à l'agonie, pour vous montrer l'excellence de mes remèdes, et l'envie que j'aurois de vous rendre service.

ARGAN.

Je vous suis obligé, monsieur, des bontés que vous avez pour moi.

TOINETTE.

Donnez-moi votre pouls. Allons donc, que l'on batte comme il faut. Ah ! je vous ferai bien aller comme vous devez. Ouais ! ce pouls-là fait l'impertinent. Je vois bien que vous ne me connoissez pas encore. Qui est votre médecin ?

ARGAN.

Monsieur Purgon.

TOINETTE.

Cet homme-là n'est point écrit sur mes tablettes entre les grands médecins. De quoi dit-il que vous êtes malade ?

ACTE III, SCÈNE XIV.

ARGAN.

Il dit que c'est du foie, et d'autres disent que c'est de la rate.

TOINETTE.

Ce sont tous des ignorans ; c'est du poumon que vous êtes malade.

ARGAN.

Du poumon ?

TOINETTE.

Oui. Que sentez-vous ?

ARGAN.

Je sens de temps en temps des douleurs de tête.

TOINETTE.

Justement, le poumon.

ARGAN.

Il me semble parfois que j'ai un voile devant les yeux.

TOINETTE.

Le poumon.

ARGAN.

J'ai quelquefois des maux de cœur.

TOINETTE.

Le poumon.

ARGAN.

Je sens parfois des lassitudes par tous les membres.

TOINETTE.

Le poumon.

ARGAN.

Et quelquefois il me prend des douleurs dans le ventre, comme si c'étoit des coliques.

TOINETTE.

Le poumon. Vous avez appétit à ce que vous mangez?

ARGAN.

Oui, monsieur.

TOINETTE.

Le poumon. Vous aimez à boire un peu de vin?

ARGAN.

Oui, monsieur.

TOINETTE.

Le poumon. Il vous prend un petit sommeil après le repas, et vous êtes bien aise de dormir?

ARGAN.

Oui, monsieur.

TOINETTE.

Le poumon, le poumon, vous dis-je. Que vous ordonne votre médecin pour votre nourriture?

ARGAN.

Il m'ordonne du potage,

TOINETTE.

Ignorant!

ARGAN.

De la volaille;

TOINETTE.

Ignorant!

ACTE III, SCENE XIV.

ARGAN.

Du veau,

TOINETTE.

Ignorant !

ARGAN.

Des bouillons,

TOINETTE.

Ignorant !

ARGAN.

Des œufs frais,

TOINETTE.

Ignorant !

ARGAN.

Et le soir de petits pruneaux pour lâcher le ventre ;

TOINETTE.

Ignorant !

ARGAN.

Et surtout de boire mon vin fort trempé.

TOINETTE.

Ignorantus, ignoranta, ignorantum ! Il faut boire votre vin pur ; et pour épaissir votre sang qui est trop subtil, il faut manger de bon gros bœuf, de bon gros porc, de bon fromage de hollande, du gruau et du riz, et des marrons et des oublies, pour coller et conglutiner. Votre médecin est une bête. Je veux vous en envoyer un de ma main, et je viendrai vous voir de temps en temps, tandis que je serai en cette ville.

ARGAN.

Vous m'obligerez beaucoup.

TOINETTE.

Que diantre faites-vous de ce bras-là?

ARGAN.

Comment?

TOINETTE.

Voilà un bras que je me ferois couper tout à l'heure, si j'étois que de vous.

ARGAN.

Et pourquoi?

TOINETTE.

Ne voyez-vous pas qu'il tire à soi toute la nourriture, et qu'il empêche ce côté-là de profiter?

ARGAN.

Oui; mais j'ai besoin de mon bras.

TOINETTE.

Vous avez là aussi un œil droit que je me ferois crever, si j'étois en votre place.

ARGAN.

Crever un œil?

TOINETTE.

Ne voyez-vous pas qu'il incommode l'autre, et lui dérobe sa nourriture? Croyez-moi, faites-vous le crever au plus tôt, vous en verrez plus clair de l'œil gauche.

ARGAN.

Cela n'est pas pressé.

TOINETTE.

Adieu. Je suis fâché de vous quitter sitôt ; mais il faut que je me trouve à une grande consultation qui se doit faire pour un homme qui mourut hier.

ARGAN.

Pour un homme qui mourut hier ?

TOINETTE.

Oui, pour aviser et voir ce qu'il auroit fallu lui faire pour le guérir. Jusqu'au revoir.

ARGAN.

Vous savez que les malades ne reconduisent point.

SCÈNE XV.

ARGAN, BÉRALDE.

BÉRALDE.

Voilà un médecin, vraiment, qui paroît fort habile.

ARGAN.

Oui ; mais il y va un peu bien vite.

BÉRALDE.

Tous les grands médecins sont comme cela.

ARGAN.

Me couper un bras et me crever un œil, afin que l'autre se porte mieux ! J'aime bien mieux qu'il ne se porte pas si bien. La belle opération de me rendre borgne et manchot !

SCÈNE XVI.

ARGAN, BÉRALDE, TOINETTE.

TOINETTE, *feignant de parler à quelqu'un.*

Allons, allons, je suis votre servante. Je n'ai pas envie de rire.

ARGAN.

Qu'est-ce que c'est?

TOINETTE.

Votre médecin, ma foi, qui me vouloit tâter le pouls.

ARGAN.

Voyez un peu, à l'âge de quatre-vingt-dix ans!

BÉRALDE.

Oh çà, mon frère, puisque voilà votre monsieur Purgon brouillé avec vous, ne voulez-vous pas bien que je vous parle du parti qui s'offre pour ma nièce?

ARGAN.

Non, mon frère; je veux la mettre dans un couvent, puisqu'elle s'est opposée à mes volontés. Je vois bien qu'il y a quelque amourette là-dessous; et j'ai découvert certaine entrevue secrète qu'on ne sait pas que j'ai découverte.

BÉRALDE.

Hé bien, mon frère, quand il y auroit quelque petite inclination, cela seroit-il si criminel? et rien peut-il vous offenser quand tout ne va qu'à des choses honnêtes, comme le mariage?

ARGAN.

Quoiqu'il en soit, mon frère, elle sera religieuse, c'est une chose résolue.

BÉRALDE.

Vous voulez faire plaisir à quelqu'un.

ARGAN.

Je vous entends. Vous en revenez toujours là, et ma femme vous tient au cœur.

BÉRALDE.

Hé bien! oui, mon frère, puisqu'il faut parler à cœur ouvert; c'est votre femme que je veux dire; et, non plus que l'entêtement de la médecine, je ne puis vous souffrir l'entêtement où vous êtes pour elle, et voir que vous donniez tête baissée dans tous les piéges qu'elle vous tend.

TOINETTE.

Ah! monsieur, ne parlez point de madame : c'est une femme sur laquelle il n'y a rien à dire, une femme sans artifice, et qui aime monsieur, qui l'aime... On ne peut pas dire cela.

ARGAN.

Demandez-lui un peu les carresses qu'elle me fait ;

TOINETTE.

Cela est vrai.

ARGAN.

L'inquiétude que lui donne ma maladie ;

TOINETTE.

Assurément.

ARGAN.

Et les soins et les peines qu'elle prend autour de moi.

TOINETTE.

Il est certain. (A Béralde.) Voulez-vous que je vous convainque, et vous fasse voir tout-à-l'heure comme madame aime monsieur? (A Argan.) Monsieur, souffrez que je lui montre son béjaune (*), et le tire d'erreur.

ARGAN.

Comment?

TOINETTE.

Madame s'en va revenir : mettez-vous tout étendu dans cette chaise, et contrefaites le mort; vous verrez la douleur où elle sera quand je lui dirai la nouvelle.

ARGAN.

Je le veux bien.

TOINETTE.

Oui; mais ne la laissez pas long-temps dans le désespoir, car elle en pourroit bien mourir.

ARGAN.

Laisse-moi faire.

TOINETTE, à Béralde.

Cachez-vous, vous, dans ce coin-là.

(*) Expression proverbiale tirée de la fauconnerie. Au figuré il signifie ignorance, bévue. Voyez la note t. IV, p. 131.

SCÈNE XVII.

ARGAN, TOINETTE.

ARGAN.

N'y a-t-il point quelque danger à contrefaire le mort ?

TOINETTE.

Non, non. Quel danger y auroit-il ? Étendez-vous là seulement. Il y aura plaisir à confondre votre frère. Voici madame. Tenez-vous bien.

SCÈNE XVIII.

BÉLINE; ARGAN, ÉTENDU DANS SA CHAISE; TOINETTE.

TOINETTE, feignant de ne pas voir Béline.

Ah ! mon Dieu ! Ah ! malheur ! Quel étrange accident ?

BÉLINE.

Qu'est-ce, Toinette ?

TOINETTE.

Ah ! madame !

BÉLINE.

Qu'y a-t-il ?

TOINETTE.

Votre mari est mort ?

BÉLINE.

Mon mari est mort ?

TOINETTE.

Hélas ! oui, le pauvre défunt est trépassé.

BÉLINE.

Assurément ?

TOINETTE.

Assurément. Personne ne sait encore cet accident-là ; et je me suis trouvée ici toute seule. Il vient de passer entre mes bras. Tenez, le voilà tout de son long dans cette chaise.

BÉLINE.

Le ciel en soit loué! Me voilà délivrée d'un grand fardeau ! Que tu es sotte, Toinette, de t'affliger de cette mort !

TOINETTE.

Je pensois, madame, qu'il fallût pleurer.

BÉLINE.

Va, va, cela n'en vaut pas la peine. Quelle perte est-ce que la sienne ? et de quoi servoit-il sur la terre ? Un homme incommode à tout le monde, malpropre, dégoûtant ; sans cesse un lavement ou une médecine dans le ventre; mouchant, toussant, crachant toujours ; sans esprit, ennuyeux, de mauvaise humeur, fatiguant sans cesse les gens, et grondant jour et nuit servantes et valets.

TOINETTE.

Voilà une belle oraison funèbre !

BÉLINE.

Il faut, Toinette, que tu m'aides à exécuter mon dessein ; et tu peux croire qu'en me servant ta récompense est sûre. Puisque, par un bonheur, personne n'est encore averti de la

ACTE III, SCÈNE XVIII.

...ose, portons-le dans son lit, et tenons cette ...ort cachée jusqu'à ce que j'aie fait mon affaire. ...y a des papiers, il y a de l'argent, dont ...me veux saisir; et il n'est pas juste que ...ie passé sans fruit, auprès de lui, mes plus ...lles années. Viens, Toinette, prenons auparavant toutes ses clefs.

ARGAN, se levant brusquement.

Doucement!

BÉLINE.

Ahi!

ARGAN.

Oui, madame ma femme, c'est ainsi que ...ous m'aimez!

TOINETTE.

Ah! ah! le défunt n'est pas mort!

ARGAN, à Béline, qui sort.

Je suis bien aise de voir votre amitié, et ...l'avoir entendu le beau panégyrique que vous ...vez fait de moi. Voilà un avis au lecteur qui ...ne rendra sage à l'avenir, et qui m'empêchera ...le faire bien des choses.

SCÈNE XIX.

BÉRALDE, SORTANT DE L'ENDROIT OU IL S'ÉTOIT CACHÉ; ARGAN, TOINETTE.

BÉRALDE.

Hé bien! mon frère, vous le voyez.

TOINETTE.

Par ma foi, je n'aurois jamais cru cela. Mais

j'entends votre fille : remettez-vous comme vous étiez, et voyons de quelle manière elle recevra votre mort. C'est une chose qu'il n'est pas mauvais d'éprouver ; et puisque vous êtes en train, vous connoîtrez par-là les sentiments que votre famille a pour vous.

(Béralde va encore se cacher.)

SCÈNE XX.
ARGAN, ANGÉLIQUE, TOINETTE.

TOINETTE, feignant de ne pas voir Angélique.

O ciel ! ah ! fâcheuse aventure ! malheureuse journée !

ANGÉLIQUE.

Qu'as-tu, Toinette ? et de quoi pleures-tu ?

TOINETTE.

Hélas ! j'ai de tristes nouvelles à vous donner.

ANGÉLIQUE.

Hé ! quoi ?

TOINETTE.

Votre père est mort.

ANGÉLIQUE.

Mon père est mort, Toinette ?

TOINETTE.

Oui. Vous le voyez là ; il vient de mourir tout à l'heure d'une foiblesse qui lui a pris.

ANGÉLIQUE.

O ciel ! quelle infortune ! quelle atteinte cruelle ! Hélas ! faut-il que je perde mon père, la seule chose qui me restoit au monde, et qu'encore, pour un surcroît de désespoir, je le perde dans un moment où il étoit irrité contre moi! Que deviendrai-je, malheureuse? et quelle consolation trouver après une si grande perte?

SCÈNE XXI.

ARGAN, ANGÉLIQUE, CLÉANTE, TOINETTE.

CLÉANTE.

Qu'avez-vous donc, belle Angélique? et quel malheur pleurez-vous?

ANGÉLIQUE.

Hélas! je pleure tout ce que dans la vie je pouvois perdre de plus cher et de plus précieux : je pleure la mort de mon père.

CLÉANTE.

O ciel! quel accident! quel coup inopiné! Hélas! après la demande que j'avois conjuré votre oncle de lui faire pour moi, je venois me présenter à lui, et tâcher, par mes respects et par mes prières, de disposer son cœur à vous accorder à mes vœux.

ANGÉLIQUE.

Ah! Cléante, ne parlons plus de rien. Laissons là toutes les pensées du mariage. Après la perte de mon père, je ne veux plus être du monde, et j'y renonce pour jamais. Oui, mon père, si j'ai résisté tantôt à vos volontés, je veux suivre du moins une de vos intentions, et réparer par-là le chagrin que je m'accuse de vous avoir donné. (Se jetant à ses genoux.) Souffrez, mon père, que je vous en donne ici ma parole, et que je vous embrasse pour vous témoigner mon ressentiment (*).

ARGAN, embrassant Angélique.

Ah! ma fille!

ANGÉLIQUE.

Ahi!

ARGAN.

Viens, n'aie point de peur, je ne suis pas mort. Va, tu es mon vrai sang, ma véritable fille, et je suis ravi d'avoir vu ton bon naturel.

SCÈNE XXII.

ARGAN, BÉRALDE, ANGÉLIQUE, CLÉANTE, TOINETTE.

ANGÉLIQUE.

Ah! quelle surprise agréable! Mon père, puisque, par un bonheur extrême, le ciel vous redonne à mes vœux, souffrez qu'ici je me jette à vos pieds pour vous supplier d'une chose. Si vous n'êtes pas favorable au penchant de mon cœur, si vous me refusez Cléante pour époux, je vous conjure au moins de ne me point forcer d'en épouser un autre. C'est toute la grâce que je vous demande.

CLÉANTE, se jetant aux genoux d'Argan.

Hé! monsieur, laissez-vous toucher à ses prières

(*) *Ressentiment* est là pour *tendresse*. Aujourd'hui il s'emploie dans un sens absolument opposé.

et aux miennes, et ne vous montrez point contraire aux mutuels empressements d'une si belle inclination.

BÉRALDE.

Mon frère, pouvez-vous tenir là contre?

TOINETTE.

Monsieur, serez-vous insensible à tant d'amour?

ARGAN.

Qu'il se fasse médecin, je consens au mariage. Oui (à Cléante), faites-vous médecin, je vous donne ma fille.

CLÉANTE.

Très-volontiers, monsieur. S'il ne tient qu'à cela pour être votre gendre, je me ferai médecin, apothicaire même, si vous voulez. Ce n'est pas une affaire que cela, et je me ferois bien d'autres choses pour obtenir la belle Angélique.

BÉRALDE.

Mais, mon frère, il me vient une pensée : faites vous médecin vous-même. La commodité sera encore plus grande d'avoir en vous tout ce qu'il vous faut.

TOINETTE.

Cela est vrai. Voilà le vrai moyen de vous guérir bientôt; et il n'y a point de maladie si osée que de se jouer à la personne d'un médecin.

ARGAN.

Je pense, mon frère, que vous vous moquez de moi. Est-ce que je suis en âge d'étudier?

BÉRALDE.

Bon, étudier! vous êtes assez savant; et il y en a beaucoup parmi eux qui ne sont pas plus habiles que vous.

ARGAN.

Mais il faut bien savoir parler latin, connoître les maladies et les remèdes qu'il y faut faire.

BÉRALDE.

En recevant la robe et le bonnet de médecin, vous apprendrez tout cela; et vous serez après plus habile que vous ne voudrez.

ARGAN.

Quoi! l'on sait discourir sur les maladies quand on a cet habit-là?

BÉRALDE.

Oui. L'on n'a qu'à parler avec une robe et un bonnet, tout galimatias devient savant, et toute sottise devient raison.

TOINETTE.

Tenez, monsieur, quand il n'y auroit que votre barbe, c'est déjà beaucoup : et la barbe fait plus de la moitié d'un médecin.

CLÉANTE.

En tout cas, je suis prêt à tout.

BÉRALDE, à Argan.

Voulez-vous que l'affaire se fasse tout à l'heure?

ARGAN.

Comment! tout à l'heure?

BÉRALDE.

Oui, et dans votre maison.

ARGAN.

Dans ma maison?

BÉRALDE.

Oui, je connois une faculté de mes amies qui viendra tout à l'heure en faire la cérémonie dans votre salle. Cela ne vous coûtera rien.

ARGAN.

Mais, moi, que dire? que répondre?

BÉRALDE.

On vous instruira en deux mots, et l'on vous donnera par écrit ce que vous devez dire. Allez-vous-en vous mettre en habit décent. Je vais les envoyer quérir.

ARGAN.

Allons, voyons cela.

SCÈNE XXIII.

BÉRALDE, ANGÉLIQUE, CLÉANTE, TOINETTE.

CLÉANTE.

Que voulez-vous dire? et qu'entendez-vous avec cette faculté de vos amies?

TOINETTE.

Quel est donc votre dessein?

BÉRALDE.

De nous divertir un peu ce soir. Les comédiens ont fait un petit intermède de la réception d'un médecin, avec des danses et de la musique; je veux que nous en prenions ensemble le divertissement, et que mon frère y fasse le premier personnage.

ANGÉLIQUE.

Mais, mon oncle, il me semble que vous vous jouez un peu beaucoup de mon père.

BÉRALDE.

Mais, ma nièce, ce n'est pas tant le jouer que s'accommoder à ses fantaisies. Tout ceci n'est qu'entre nous. Nous y pouvons aussi prendre chacun un personnage, et nous donner ainsi la comédie les uns aux autres. Le carnaval autorise cela. Allons vite préparer toutes choses.

CLÉANTE, à Angélique.

Y consentez-vous ?

ANGÉLIQUE.

Oui, puisque mon oncle nous conduit.

FIN DU TROISIÈME ACTE.

TROISIÈME INTERMÈDE.

PREMIÈRE ENTRÉE DE BALLET.

(Des tapissiers viennent, en dansant, préparer la salle et placer les bancs en cadence.)

DEUXIÈME ENTRÉE DE BALLET.

(Marche de la faculté de médecine au son des instruments.)

(Les porte-seringues, représentant les massiers, entrent les premiers. Après eux viennent, deux à deux, les apothicaires avec des mortiers, les chirurgiens et les docteurs qui vont se placer aux deux côtés du théâtre. Le président monte dans une chaire qui est au milieu ; et Argan, qui doit être reçu docteur, se place dans une chaire plus petite qui est au-devant de celle du président.)

LE PRÉSIDENT.

Savantissimi doctores
Medicinæ professores,
Qui hic assemblati estis,
Et vos altri messiores,
Sententiarum facultatis
Fideles executores,
Chirurgiani et apothicari,
Atque tota compania aussi,
Salus, honor, et argentum,
Atque bonum appetitum.

Non possum, docti confreri,
En moi satis admirari

Qualis bona inventio
Est medici professio,
Quàm bella chosa est et benè troyata
Medicina illa benedicta,
Quæ, suo nomine solo,
Surprenanti miraculo,
Depuis si longo tempore,
Facit à gogo vivere,
Tant de gens omni genere.

Per totam terram videmus
Grandam vogam ubi sumus,
Et quòd grandes et petiti
Sunt de nobis infatuti.
Totus mundus, currens ad nostros remedios,
Nos regardat sicut deos,
Et nostris ordonnanciis
Principes et reges soumissos videtis.

Doncque il est nostræ sapientiæ,
Boni sensûs atque prudentiæ,
De fortement travaillare
A nos benè conservare
In tali credito, vogâ, et honore,
Et prendere gardam à non recevere
In nostro docto corpore
Quàm personas capabiles,
Et totas dignas remplire
Has plaças honorabiles.

C'est pour cela que nunc convocati œtis,
Et credo quòd trovabitis
Dignam matieram medici

INTERMÈDE III.

In savanti homine que voici ;
  Lequel in chosis omnibus
  Dono ad interrogandum,
  Et à fond examinandum
  Vestris capacitatibus.

PREMIER DOCTEUR.

Si mihi licentiam dat dominus præses,
  Et tanti docti doctores,
  Et assistantes illustres,
  Très savanti bacheliero
  Quem estimo et honoro,
Domandabo causam et rationem quare
  Opium facit dormire.

ARGAN.

Mihi à docto doctore
Domandatur causam et rationem quare
  Opium facit dormire.
    A quoi respondeo,
    Quia est in eo
    Virtus dormitiva,
    Cujus est natura
    Sensus assoupire.

CHOEUR.

Benè, benè, benè, benè respondere !
  Dignus, dignus est intrare
  In nostro docto corpore.
  Benè, benè respondere !

SECOND DOCTEUR.

Cum permissione domini præsidis,
  Doctissimæ facultatis,
  Et totius his nostris actis

Companiæ assistantis,
Domandabo tibi, docte bacheliere,
   Quæ sunt remedia
   Quæ in maladiâ
   Dite hydropisiâ
   Convenit facere.

ARGAN.

Clysterium donare,
Posteà seignare,
Ensuita purgare.

CHOEUR.

Benè, benè, benè, benè respondere !
  Dignus, dignus est intrare
  In nostro docto corpore.

TROISIÈME DOCTEUR.

Si bonum semblatur domino præsidi,
  Doctissimæ facultati,
  Et companiæ præsenti,
Domandabo tibi, docte bacheliere,
  Quæ remedia eticis,
Pulmonicis atque asmaticis,
  Trovas à propos facere.

ARGAN.

Clysterium donare,
Posteà seignare,
Ensuita purgare.

CHOEUR.

Benè, benè, benè, benè respondere !
  Dignus, dignus est intrare
  In nostro docto corpore.

INTERMÈDE III.

QUATRIÈME DOCTEUR.

Super illas maladias
Doctus bachelierus dixit maravillas ;
Mais si non ennuyo dominum præsidem,
　Doctissimam facultatem,
　Et totam honorabilem
　Companiam ecoutantem,
　Faciam illi unam quæstionem.
　Dès hiero maladus unus
　Tombavit in meas manus ;
Habet grandam fievram cum redoublamentis,
　Grandam dolorem capitis
　Et grandum malum au côté,
　Cum grandâ difficultate
　Et penâ à respirare.
　　Veillas mihi dire,
　　Docte bacheliere,
　　Quid illi facere?

ARGAN.

Clysterium donare,
Posteà seignare,
Ensuita purgare.

CINQUIÈME DOCTEUR.

Mais si maladia
Opiniatria
Non vult se garire,
Quid illi facere?

ARGAN.

Clysterium donare,
Posteà seignare,

Ensuita purgare ;
Reseignare, repurgare, et reclysterisare.

CHŒUR.

Benè, benè, benè, benè respondere !
Dignus, dignus est intrare
In nostro docto corpore.

LE PRÉSIDENT, à Argan.

Juras gardare statuta
Per facultatem præscripta
Cum sensu et jugeamento ?

ARGAN.

Juro.

LE PRÉSIDENT.

Essere in omnibus
Consultationibus
Ancieni aviso,
 Aut bono
 Aut mauvaiso ?

ARGAN.

Juro.

LE PRÉSIDENT.

De non jamais te servire
De remediis aucunis,
Quàm de ceux seulement doctæ facultatis,
Maladus dût-il crevare
Et mori de suo malo ?

ARGAN.

Juro.

LE PRÉSIDENT.

Ego, cum isto boneto
Venerabili et docto,

INTERMÈDE III.

Dono tibi et concedo
Virtutem et puissanciam
 Medicandi,
  Purgandi,
  Seignandi,
  Perçandi,
  Taillandi,
  Coupandi,
 Et occidendi,
Impunè per totam terram.

TROISIÈME ENTRÉE DE BALLET.

(Les chirurgiens et les apothicaires viennent faire la révérence en cadence à Argan.)

ARGAN.

Grandes doctores doctrinæ
De la rhubarbe et du séné,
Ce seroit sans doute à moi chosa folla,
 Inepta et ridicula,
 Si j'alloibam m'engageare
 Vobis louangeas donare,
Et entreprenoibam adjoutare
 Des lumieras au soleilo,
 Et des étoilas au cielo,
 Des ondas à l'oceano
 Et des rosas au printano.
Agreate qu'avec uno moto
 Pro toto remercimento
Randam gratiam corpori tam docto.
 Vobis, vobis debeo
Bien plus qu'à naturæ et qu'à patri meo :
 Natura et pater meus

Hominem me habent factum ;
Mais vos me, ce qui est bien plus,
Avetis factum medicum :
Honor, favor, et gratia,
Qui in hoc corde que voilà
Imprimant ressentimanta
Qui dureront in sæcula.

CHOEUR.

Vivat, vivat, vivat, vivat, cent fois vivat,
Novus doctor qui tam bene parlat !
Mille, mille annis, et manget, et bibat,
Et seignet, et tuat !

QUATRIÈME ENTRÉE DE BALLET.

(Tous les chirurgiens et les apothicaires dansent au son des instrumens et des voix et des battements de mains et des mortiers d'apothicaires.)

PREMIER CHIRURGIEN.

Puisse-t-il voir doctas
Suas ordonnancias
Omnium chirurgorum
 Et apothicarum
 Remplire boutiquas !

CHOEUR.

Vivat, vivat, vivat, vivat, cent fois vivat,
Novus doctor qui tam bene parlat !
Mille, mille annis, et manget, et bibat,
Et seignet, et tuat !

SECOND CHIRURGIEN.

Puissent toti anni
Lui essere boni
Et favorabiles,

INTERMÈDE III.

Et n'habere jamais
Quàm pestas, verolas,
Fievras, pleuresias,
Fluxus de sang, et dyssenterias!

CHOEUR.

Vivat, vivat, vivat, vivat, cent fois vivat,
Novus doctor qui tam benè parlat!
Mille, mille annis, et manget, et bibat,
Et seignet, et tuat!

CINQUIÈME et dernière ENTRÉE DE BALLET.

(Pendant que le dernier chœur se chante, les médecins, les chirurgiens, et les apothicaires, sortent tous selon leur rang en cérémonie, comme ils sont entrés.)

FIN DU MALADE IMAGINAIRE.

RÉFLEXIONS

SUR

LE MALADE IMAGINAIRE.

Cette pièce offre un ridicule qui est de tous les temps : on voit aujourd'hui, comme dans le dix-septième siècle, des hommes que l'amour excessif d'eux-mêmes rend visionnaires sur leur santé, qui croient toujours être malades, et qui, sans avoir la plus légère indisposition, consultent sans cesse les médecins. Cet égoïsme, qui entraîne ceux qui en sont atteints dans tous les travers de la foiblesse et de la crédulité, est peut-être un des défauts les plus propres à être mis sur le théâtre. Il n'y a rien de trop odieux dans ce défaut, qui donne lieu à des plaisanteries continuelles; et le ridicule dont on peut le couvrir doit nécessairement le corriger jusqu'à un certain point. Il s'agit de dissiper une illusion, et d'en montrer la folie : c'est ce que Molière a fait avec tout le talent d'un grand maître. Conformément aux lois du théâtre, son Malade imaginaire ne reconnoît pas son erreur à la fin de la pièce : mais, prévenu contre Béline qui avoit intérêt à l'entretenir dans sa crédulité, séparé des médecins dont les conseils nourrissoient ses craintes et ses inquiétudes, livré désormais à de jeunes époux, tels que Cléante et Angélique, on peut présumer qu'il ne tardera pas à être entièrement guéri de ses visions.

Le caractère d'Argan est curieux à examiner, parce qu'il donne une idée complète des bourgeois du dix-septième siècle. On a vu, dans le Discours préliminaire, quelles étoient l'ignorance et la bonhomie de ceux qui, n'ayant point d'état, vivoient de leur revenu. Argan est fort riche : il pourroit mener la vie la plus agréable; mais il préfère à tout la retraite et l'oisiveté. Prévenu d'une idée qui le tourmente sans cesse, il ne fait aucun effort pour s'en distraire; il n'aime que les gens qui l'entretiennent de sa manie, et qui augmentent ses craintes : son excessive simplicité le rend le jouet d'une femme avide, qui n'a pas besoin d'employer l'adresse pour le tromper : il aime ses deux filles, mais il est bien résolu de sacrifier l'aînée à un médecin, afin d'avoir chez lui un homme qu'il puisse consulter à toutes les heures. Ce rôle admirable respire la naïveté et la bonhomie; il ne présente pas un mot qui ne soit de caractère; et plus on l'examine, plus on admire, dans les moindres détails, l'homme de génie qui l'a tracé.

Molière ne montre pas moins de talent dans la manière dont il entoure ce personnage. Purgon, son médecin, et Diafoirus, n'ont que la dose de ridicule qui convient à leur caractère et à leur situation. Ils raisonnent avec méthode d'après les faux principes qu'ils ont adoptés. Ils n'ont point l'intention d'être charlatans : ce sont des hommes forts instruits, mais égarés par l'esprit de système, et qui, manquant du discernement nécessaire pour faire un bon usage de la science, trompent les autres, et se trompent eux-mêmes. C'est donc à tort qu'on a reproché à Molière d'avoir cherché à avilir les médecins en donnant à Purgon des sentiments bas et intéressés ; cette intention étoit très-éloignée de lui ; Béralde, représenté comme le plus ardent adversaire de ce médecin, le peint d'une manière toute différente : « C'est, » dit-il, un homme tout médecin depuis la tête » jusqu'aux pieds ; un homme qui croit à ses » règles plus qu'à toutes les démonstrations des » mathématiques... Il ne lui faut point vouloir » mal de tout ce qu'il pourra vous faire, c'est » de la meilleure foi du monde qu'il vous expé-» diera ; et il ne vous fera, en vous tuant, que » ce qu'il a fait à sa femme et à ses enfants, et ce » qu'en un besoin il feroit à lui-même. »

Thomas Diafoirus passe aujourd'hui assez généralement pour une charge : mais on n'auroit plus cette prévention, si l'on vouloit se reporter aux mœurs du temps. Les savants, et surtout les médecins, n'étoient pas, comme aujourd'hui, répandus dans la société ; ils ne vivoient qu'avec leurs livres ; et si quelquefois l'idée leur venoit d'être galants, ce n'étoit qu'à force de citations grecques et latines qu'ils parvenoient à faire leurs compliments. J'en ai cité dans le Discours préliminaire un exemple tiré des lettres de Balzac.

Le défaut des médecins de ce siècle étoit de rester opiniâtrément attachés à leurs vieilles routines : ils avoient autant de répugnance pour les innovations que leurs successeurs s'en sont par la suite montrés avides. Voilà pourquoi, dans le siècle de Louis XIV, tandis que les lettres, en suivant ce système de respect pour les anciens, furent portées à leur perfection, les sciences restèrent long-temps en arrière. Cela vint de ce que les savants méconnurent la véritable marche des connoissances positives, qui diffère essentiellement de celle que doit tenir la littérature. Les chefs-d'œuvre, en ce dernier genre, sont toujours composés à l'époque où une nation commence à se livrer à la culture des lettres, et tous les ouvrages qui suivent ne sont estimés qu'en proportion des rapports qu'ils ont avec ces belles productions : le *beau* ne change jamais ; les règles du goût sont simples et invariables. Dans les sciences, au contraire, on ne fait en commençant que des pas foibles et incertains : ce n'est qu'en méditant sur des découvertes déjà faites, en en faisant de nouvelles, qu'on parvient à donner à ces sciences le degré de perfection dont elles sont susceptibles. Les innovations y sont aussi utiles qu'elles peuvent être dangereuses dans la littérature. Ainsi les médecins du dix-septième siècle, en conservant pour l'antiquité le respect que Racine et Boileau avoient pour Homère, se trompèrent sur la marche qu'ils devoient suivre, et méritèrent, sous plusieurs rapports, le ridicule dont Molière les frappa.

Béralde, l'homme raisonnable de la pièce, est parfaitement placé auprès d'Argan. Mais peut-être n'a-t-il pas la mesure que Molière eut constamment soin de donner aux personnages de ce genre, dans lesquels on voit qu'il a voulu se peindre lui-même. Il traite mal à propos de *momerie* la prétention que montre un homme de génie d'en guérir un autre : en cela Molière a passé le but. Ses ennemis ne manquèrent pas de lui reprocher cette légère faute ; et l'on peut voir dans sa Vie le tour singulier qu'ils prirent pour l'attaquer.

Il y a plusieurs rapports entre Argan et l'Orgon de TARTUFE. Dans les deux pièces, un père de famille, naturellement bon, est égaré par sa foiblesse et sa crédulité : sa fille doit être sacrifiée à cette erreur : une suivante a pris dans sa maison un ton de liberté et même d'insolence, et son frère, honnête homme, emploie tous les moyens possibles pour le ramener à la raison. Voilà les rapports ; voici les différences.

Angélique a beaucoup moins de douceur que Mariane : c'est une jeune personne pleine d'agrément et d'esprit ; mais elle tient tête à son père, et refuse nettement d'épouser Diafoirus, malgré les dangers qui la menacent. Toinette est plus insolente que Dorine ; elle passe toutes les bornes ; et son caractère ne seroit pas vraisemblable, sans la foiblesse excessive de son maître.

Béline est une toute autre femme qu'Elmire. Quelle différence entre ces deux personnes! L'une et l'autre ont épousé en secondes noces un homme âgé et peu aimable; l'une et l'autre sont belles-mères. Elmire est un modèle de décence, de grâce et de vertu : quoique jeune, elle se conforme aux goûts de son mari; elle chérit les enfants du premier lit comme s'ils étoient les siens : tous les charmes qui peuvent embellir une honnête femme sont répandus sur elle. Béline au contraire n'a épousé Argan que par le plus vil intérêt, et le hait en secret, quoiqu'elle l'accable de caresses; elle compte ses jours, et se réjouit quand elle le croit mort. On voit qu'Argan est plus malheureux qu'Orgon, quoiqu'il lui arrive des accidents moins graves. Pourquoi Molière a-t-il établi cette différence entre deux personnages de la même espèce ?

C'est qu'Orgon est beaucoup plus intéressant que le Malade imaginaire. Il porte à l'excès une chose bonne en elle-même, la dévotion. Ce défaut, quand il ne dégénère pas en hypocrisie, est plus à plaindre qu'à blâmer; on est disposé à excuser une exagération qui prend sa source dans la vertu ; on pardonne à un homme foible comme Orgon, qui a autrefois rendu des services à son prince, de se livrer sans discernement à des principes qui ne l'égarent que parce qu'il les conçoit mal, et d'accorder toute sa confiance à un homme qu'il croit parfait. Argan au contraire est un véritable égoïste ; ses inquiétudes et ses foiblesses le feroient mépriser, si sa bonhomie n'inspiroit pas la gaîté ; et le sacrifice qu'il fait au désir d'avoir toujours un médecin à ses côtés, détruit tout l'intérêt qu'on pourroit lui porter. Molière, en grand maître, a senti que son intérieur devoit être fort différent de celui d'Orgon.

J'ai observé dans le Discours préliminaire que le MALADE IMAGINAIRE est la seule pièce où Molière ait donné à un notaire un rôle de quelque importance. Celui-ci est remarquable, parce que l'auteur trouve l'occasion de présenter toutes les ruses dont on se sert quelquefois pour éluder les lois relatives aux testaments : ce détail, en apparence si étranger au théâtre, ne pouvoit être placé que dans LE MALADE IMAGINAIRE. Le rôle du notaire offre d'ailleurs le plus bel éloge qu'on puisse faire des avocats : ce personnage détourne Béline de s'adresser à eux, parce qu'ils ne voudroient pas se prêter à une fraude.

On pourroit s'étonner que Molière, ayant attaqué les médecins dans un grand nombre de petites pièces, ait réuni dans LE MALADE IMAGINAIRE tous les traits qu'il pouvoit leur lancer, et qu'il ait même proscrit la médecine en général. Son caractère et sa situation pourront nous l'expliquer. Tourmenté depuis plusieurs années par une maladie de poitrine, il avoit essayé en vain plusieurs remèdes : les médecins éclairés, croyant avec raison que l'état de comédien étoit contraire à sa santé, lui avoient conseillé d'y renoncer. Mais ce conseil étoit trop incompatible avec son goût pour qu'il pût le suivre. On sait qu'une des foiblesses de ce grand homme étoit d'aimer à paroître sur le théâtre, et de tirer vanité des succès qu'il obtenoit dans quelques rôles. Un motif plus respectable et plus important le retenoit : comment abandonneroit-il un établissement dont il étoit le fondateur? Pourroit-il plonger dans la misère une multitude d'employés et de gagistes, qui ne devoient l'existence qu'à sa présence et à son administration? ces sentiments, qui prévalurent sur toutes les considérations qu'il pouvoit avoir pour sa santé, lui inspirèrent une répugnance invincible pour tous les conseils dont sa retraite du théâtre pouvoit être la suite. Malheureusement on s'obstina à lui en donner. Un esprit aussi juste que le sien ne pouvoit y résister qu'en se persuadant que la médecine est une chimère; et telle fut la cause d'une erreur qui lui devint funeste, puisqu'elle avança ses jours.

Le sujet de cette pièce suffit pour indiquer que Molière n'a pas eu besoin de chercher des traits comiques dans d'autres auteurs. Cependant il nous est tombé entre les mains une comédie en un acte et en vers, antérieure à son établissement à Paris, et intitulé LE MARI MALADE, d'où il paroît qu'il a tiré l'idée du rôle de Béline. Quand nous examinâmes pour la première fois cette pièce, nous crûmes avoir fait une découverte précieuse; elle porte le nom de MOLIÈRES. Nous pensâmes que ce pouvoit être un ouvrage de sa jeunesse. Mais, après l'avoir lue avec soin, nous fûmes convaincus qu'elle appartenoit à un comédien de l'hôtel de Bourgogne, appelé Molières, auteur d'une tragédie de POLIXÈNE. Le style et la conduite de la pièce, la différence du nom, qui prend un *s* à la fin, ne nous laissèrent aucun doute. Cependant, comme nous l'avons dit, cette pièce est curieuse, parce qu'elle offre le germe du rôle de Béline. Un vieillard qui a épousé une jeune femme est malade; sa femme paroît avoir le plus grand soin de lui, mais elle le hait en secret, et profite de sa maladie pour recevoir un amant. Le mari meurt pendant la pièce; et, ce qui est odieux, la femme se réjouit de sa mort. Avec quel art Molière n'a-t-il pas employé cette conception, qui, débarrassée de ce qu'elle a d'affreux, sert à former un dénoûment aussi heureux que naturel!

Un trait charmant des PLAIDEURS, joués cinq ans auparavant, se retrouve dans LE MALADE IMAGINAIRE. Il est bien glorieux pour Racine d'avoir une fois servi de modèle à Molière pour la comédie. Dandin propose à Isabelle de voir *donner la question*, et sur l'horreur qu'elle témoigne, il lui fait observer que *cela fait toujours passer une heure ou deux*. Thomas Diafoirus offre de même à Angélique de lui donner le plaisir de voir *la dissection d'une femme*.

Le prologue et les deux intermèdes ne se jouent plus. Dans le prologue, écrit avec précipitation et négligence, Molière a loué Louis XIV sur la conquête de la Hollande. Ce morceau est ingénieux, en ce que Pan vient avertir les bergers que ce sujet est trop élevé pour leurs chants, et qu'ils s'exposent au sort d'Icare. Le premier intermède est une parade qui ne paroît pas avoir d'objet; le second, une très-bonne critique des chœurs de Quinault.

La réception du médecin est en latin *macaronique*. Cette bizarre cérémonie fut imaginée chez madame de La Sablière, où se trouvoient Boileau et La Fontaine : en soupant, chacun fit quelques couplets. C'est une critique enjouée du jargon employé alors dans les écoles. Il reste à expliquer l'origine de ce qu'on appelle *latin macaronique*. Un moine du seizième siècle, nommé Théophile Folengio, s'étoit avisé de faire des vers dans un langage composé de latin et d'italien. Cette innovation plut beaucoup au peuple et aux écoliers ; et pour exprimer le plaisir que faisoient ses vers, le bon moine leur donna le nom de *macaroni*, mets chéri des Italiens.

Quelques scènes du Malade imaginaire dégénèrent en farce : il est à regretter que Molière ait laissé ce défaut se glisser dans un si beau sujet; il s'excuse lui-même, en disant que tout est permis en carnaval. On peut présumer que s'il eût survécu à la première représentation, il auroit élagué ces scènes de parade qui défigurent sa pièce.

Le Malade imaginaire est celle de toutes ses

comédies qui offre le plus de variantes. Il mou- le jour qu'il la joua pour la quatrième fois : on en fit plusieurs copies ; et il n'est pas étonnant qu'elles diffèrent un peu entre elles. Cependant aucun passage important ne paroît avoir été altéré ni perdu.

LA GLOIRE

DU

VAL-DE-GRACE.

LA GLOIRE

DU

VAL-DE-GRACE.

Digne fruit de vingt ans de travaux somptueux,
Auguste bâtiment, temple majestueux
Dont le dôme superbe, élevé dans la nue,
Pare du grand Paris la magnifique vue,
Et, parmi tant d'objets semés de toutes parts,
Du voyageur surpris prend les premiers regards,
Fais briller à jamais dans ta noble richesse
La splendeur du saint vœu d'une grande princesse,
Et porte un témoignage à la postérité
De sa magnificence et de sa piété.
Conserve à nos neveux une montre fidèle
Des exquises beautés que tu tiens de son zèle :
Mais défends bien surtout de l'injure des ans
Le chef-d'œuvre fameux de ses riches présents,
Cet éclatant morceau de savante peinture
Dont elle a couronné ta noble architecture ;
C'est le plus bel effet des grands soins qu'elle a pris,
Et ton marbre et ton or ne sont point de ce prix.

Toi qui, dans cette coupe, à ton vaste génie
Comme un ample théâtre heureusement fournie,
Es venu déployer les précieux trésors
Que le Tibre t'a vu ramasser sur ses bords,
Dis-nous, fameux Mignard, par qui te sont versées
Les charmantes beautés de tes nobles pensées,
Et dans quel fonds tu prends cette variété
Dont l'esprit est surpris et l'œil est enchanté :
Dis-nous quel feu divin dans tes fécondes veilles,
De tes expressions enfante les merveilles,
Quels charmes ton pinceau répand dans tous ses traits,
Quelle force il y mêle à ses plus doux attraits ;
Et quel est ce pouvoir qu'au bout des doigts tu portes,
Qui sait faire à nos yeux vivre des choses mortes,
Et, d'un peu de mélange et de bruns et de clairs,
Rendre esprit la couleur, et les pierres des chairs.

Tu te tais, et prétends que ce sont des matières
Dont tu dois nous cacher les savantes lumières ;
Et que ces beaux secrets, à tes travaux vendus,
Te coûtent un peu trop pour être répandus :
Mais ton pinceau s'explique et trahit ton silence ;
Malgré toi de ton art il nous fait confidence ;
Et, dans ses beaux efforts à nos yeux étalés,
Les mystères profonds nous en sont révélés.
Une pleine lumière ici nous est offerte ;

Et ce dôme pompeux est une école ouverte
Où l'ouvrage, faisant l'office de la voix,
Dicte de ton grand art les souveraines lois.
Il nous dit fortement les trois nobles parties (*)
Qui rendent d'un tableau les beautés assorties,
Et dont, en s'unissant, les talents relevés
Donnent à l'univers les peintres achevés.

Mais des trois, comme reine, il nous expose celle (**)
Que ne peut nous donner le travail ni le zèle,
Et qui, comme un présent de la faveur des cieux,
Est du nom de divine appelée en tous lieux ;
Elle, dont l'essor monte au-dessus du tonnerre,
Et sans qui l'on demeure à ramper contre terre,
Qui meut tout, règle tout, en ordonne à son choix,
Et des deux autres mène et régit les emplois.
Il nous enseigne à prendre une digne matière
Qui donne au feu d'un peintre une vaste carrière,
Et puisse recevoir tous les grands ornements
Qu'enfante un beau génie en ses accouchements,
Et dont la poésie et sa sœur la peinture,
Parant l'instruction de leur docte imposture,
Composent avec art ces attraits, ces douceurs,
Qui font à leurs leçons un passage à nos cœurs,

(*) L'invention, le dessin, le coloris.
(**) L'invention, première partie de la peinture.

Et par qui, de tout temps, ces deux sœurs si pareilles
Charment, l'une les yeux, et l'autre les oreilles.
Mais il nous dit de fuir un discord apparent
Du lieu que l'on nous donne et du sujet qu'on prend,
Et de ne point placer dans un tombeau des fêtes,
Le ciel contre nos pieds, et l'enfer sur nos têtes.
Il nous apprend à faire avec détachement
Des groupes contrastés un noble agencement,
Qui du champ du tableau fasse un juste partage
En conservant les bords un peu légers d'ouvrage,
N'ayant nul embarras, nul fracas vicieux
Qui rompe ce repos si fort ami des yeux,
Mais où, sans se presser, le groupe se rassemble,
Et forme un doux concert, fasse un beau tout ensemble,
Où rien ne soit à l'œil mendié ni redit,
Tout s'y voyant tiré d'un vaste fonds d'esprit,
Assaisonné du sel de nos grâces antiques,
Et non du fade goût des ornements gothiques,
Ces monstres odieux des siècles ignorants,
Que de la barbarie ont produits les torrents,
Quand leur cours, inondant presque toute la terre,
Fit à la politesse une mortelle guerre,
Et, de la grande Rome abattant les remparts,
Vint avec son empire étouffer les beaux arts.
Il nous montre à poser avec noblesse et grâce

DU VAL-DE-GRACE.

La première figure à la plus belle place,
Riche d'un agrément, d'un brillant de grandeur
Qui s'empare d'abord des yeux du spectateur;
Prenant un soin exact que, dans tout son ouvrage,
Elle joue aux regards le plus beau personnage,
Et que, par aucun rôle au spectacle placé,
Le héros du tableau ne se voie effacé.
Il nous enseigne à fuir les ornements débiles
Des épisodes froids et qui sont inutiles,
A donner au sujet toute sa vérité,
A lui garder partout pleine fidélité,
Et ne se point porter à prendre de licence,
A moins qu'à des beautés elle donne naissance.

Il nous dicte amplement les leçons du dessin (*)
Dans la manière grecque et dans le goût romain;
Le grand choix du beau vrai, de la belle nature,
Sur les restes exquis de l'antique sculpture,
Qui, prenant d'un sujet la brillante beauté,
En savoit séparer la foible vérité,
Et, formant de plusieurs une beauté parfaite,
Nous corrige par l'art la nature qu'on traite.
Il nous explique à fond, dans ses instructions,
L'union de la grâce et des proportions;
Les figures partout doctement dégradées,
Et leurs extrémités soigneusement gardées;

(*) Le dessin, seconde partie de la peinture.

Les contrastes savants des membres agroupés,
Grands, nobles, étendus, et bien développés,
Balancés sur leur centre en beautés d'attitude,
Tous formés l'un pour l'autre avec exactitude,
Et n'offrant point aux yeux ce galimatias
Où la tête n'est point de la jambe ou du bras;
Leur juste attachement aux lieux qui les font naître,
Et les muscles touchés autant qu'ils doivent l'être;
La beauté des contours observés avec soin,
Point durement traités, amples, tirés de loin,
Inégaux, ondoyants, et tenant de la flamme,
Afin de conserver plus d'action et d'âme;
Les nobles airs de tête amplement variés,
Et tous au caractère avec choix mariés.
Et c'est là qu'un grand peintre, avec pleine largesse,
D'une féconde idée étale la richesse,
Faisant briller partout de la diversité,
Et ne tombant jamais dans un air répété :
Mais un peintre commun trouve une peine extrême
A sortir dans ses airs de l'amour de soi-même;
De redites sans nombre il fatigue les yeux,
Et, plein de son image, il se peint en tous lieux.
Il nous enseigne aussi les belles draperies,
De grands plis bien jetés suffisamment nourries,
Dont l'ornement aux yeux doit conserver le nu,
Mais qui, pour le marquer, soit un peu retenu,
Qui ne s'y colle point, mais en suive la grâce,

Et, sans la serrer trop, la caresse et l'embrasse.
Il nous montre à quel air, dans quelles actions,
Se distinguent à l'œil toutes les passions ;
Les mouvements du cœur peints d'une adresse extrême
Par des gestes puisés dans la passion même,
Bien marqués pour parler, appuyés, forts, et nets,
Imitant en vigueur les gestes des muets,
Qui veulent réparer la voix que la nature
Leur a voulu nier ainsi qu'à la peinture.
Il nous étale enfin les mystères exquis (*)
De la belle partie où triompha Zeuxis,
Et qui, le revêtant d'une gloire immortelle,
Le fit aller de pair avec le grand Apelle ;
L'union, les concerts, et les tons des couleurs,
Contrastes, amitiés, ruptures et valeurs,
Qui font les grands effets, les fortes impostures,
L'achèvement de l'art, et l'âme des figures.
Il nous dit clairement dans quel choix le plus beau
On peut prendre le jour et le champ du tableau,
Les distributions et d'ombre et de lumière
Sur chacun des objets et sur la masse entière,
Leur dégradation dans l'espace de l'air
Par les tons différents de l'obscur et du clair,

(*) Le coloris, troisième partie de la peinture.

Et quelle force il faut aux objets mis en place
Que l'approche distingue et le lointain efface ;
Les gracieux repos que par des soins communs
Les bruns donnent aux clairs, comme les clairs
                                   aux bruns ;
Avec quel agrément d'insensible passage
Doivent ces opposés entrer en assemblage ;
Par quelle douce chute ils doivent y tomber,
Et dans un milieu tendre aux yeux se dérober ;
Ces fonds officieux qu'avec art on se donne,
Qui reçoivent si bien ce qu'on leur abandonne ;
Par quels coups de pinceau, formant de la rondeur,
Le peintre donne au plat le relief du sculpteur ;
Quel adoucissement des teintes de lumière
Fait perdre ce qui tourne, et le chasse derrière,
Et comme avec un champ fuyant, vague, et léger,
La fierté de l'obscur, sur la douceur du clair
Triomphant de la toile, en tire avec puissance
Les figures que veut garder sa résistance,
Et, malgré tout l'effort qu'elle oppose à ses coups,
Les détache du fond et les amène à nous.

Il nous dit tout cela, ton admirable ouvrage :
Mais, illustre Mignard, n'en prends aucun ombrage ;
Ne crains pas que ton art, par ta main découvert,
A marcher sur tes pas tienne un chemin ouvert,
Et que de ses leçons les grands et beaux oracles
Élèvent d'autres mains à tes doctes miracles ;

Il y faut des talents que ton mérite joint,
Et ce sont des secrets qui ne s'apprennent point.
On n'acquiert point, Mignard, par les soins qu'on se donne,
Trois choses dont les dons brillent dans ta personne :
Les passions, la grâce, et les tons de couleur,
Qui des riches tableaux font l'exquise valeur ;
Ce sont présents du ciel qu'on voit peu qu'il assemble,
Et les siècles ont peine à les trouver ensemble.
C'est par-là qu'à nos yeux nuls travaux enfantés
De ton noble travail n'atteindront les beautés :
Malgré tous les pinceaux que ta gloire réveille,
Il sera de nos jours la fameuse merveille,
Et des bouts de la terre en ces superbes lieux
Attirera les pas des savants curieux.

O vous, dignes objets de la noble tendresse
Qu'a fait briller pour vous cette auguste princesse
Dont au grand Dieu naissant, au véritable Dieu,
Le zèle magnifique a consacré ce lieu,
Purs esprits, où du ciel sont les grâces infuses,
Beaux temples des vertus, admirables recluses ;
Qui dans votre retraite, avec tant de ferveur,
Mêlez parfaitement la retraite du cœur,
Et, par un choix pieux hors du monde placées,
Ne détachez vers lui nulle de vos pensées,

Qu'il vous est cher d'avoir sans cesse devant vous
Ce tableau de l'objet de vos vœux les plus doux,
D'y nourrir par vos yeux les précieuses flammes
Dont si fidèlement brûlent vos belles âmes,
D'y sentir redoubler l'ardeur de vos désirs,
D'y donner à toute heure un encens de soupirs,
Et d'embrasser du cœur une image si belle
Des célestes beautés de la gloire éternelle,
Beautés qui dans leurs fers tiennent vos libertés,
Et vous font mépriser toutes autres beautés !

Et toi, qui fus jadis la maîtresse du monde,
Docte et fameuse école en raretés féconde,
Où les arts déterrés, ont, par un digne effort,
Réparé les dégâts des barbares du nord,
Source des beaux débris des siècles mémorables,
O Rome, qu'à tes soins nous sommes redevables
De nous avoir rendu, façonné de ta main,
Ce grand homme chez toi devenu tout Romain,
Dont le pinceau, célèbre avec magnificence,
De ces riches travaux vient parer notre France,
Et dans un noble lustre y produire à nos yeux
Cette belle peinture inconnue en ces lieux,
La fresque, dont la grâce, à l'autre préférée,
Se conserve un éclat d'éternelle durée,
Mais dont la promptitude et les brusques fiertés
Veulent un grand génie à toucher ses beautés !
De l'autre, qu'on connoît, la traitable méthode

Aux foiblesses d'un peintre aisément s'accommode :
La paresse de l'huile, allant avec lenteur,
Du plus tardif génie attend la pesanteur ;
Elle sait secourir, par le temps qu'elle donne,
Les faux pas que peut faire un pinceau qui tâtonne,
Et sur cette peinture on peut, pour faire mieux,
Revenir quand on veut avec de nouveaux yeux.
Cette commodité de retoucher l'ouvrage
Aux peintres chancelants est un grand avantage ;
Et ce qu'on ne fait pas en vingt fois qu'on reprend,
On le peut faire en trente, on le peut faire en cent.
   Mais la fresque est pressante, et veut sans complaisance
Qu'un peintre s'accommode à son impatience,
La traite à sa manière, et, d'un travail soudain,
Saisisse le moment qu'elle donne à sa main.
La sévère rigueur de ce moment qui passe
Aux erreurs d'un pinceau ne fait aucune grâce ;
Avec elle il n'est point de retour à tenter,
Et tout au premier coup se doit exécuter.
Elle veut un esprit où se rencontre unie
La pleine connoissance avec le grand génie,
Secouru d'une main propre à le seconder,
Et maîtresse de l'art jusqu'à le gourmander,
Une main prompte à suivre un beau feu qui la guide,
Et dont, comme un éclair, la justesse rapide

Répande dans ses fonds, à grands traits non tâtés,
De ses expressions les touchantes beautés,
C'est par-là que la fresque, éclatante de gloire,
Sur les honneurs de l'autre emporte la victoire,
Et que tous les savants, en juges délicats,
Donnent la préférence à ses mâles appas.
Ces doctes mains chez elle ont cherché la louange ;
Et Jules, Annibal, Raphaël, Michel-Ange,
Les Mignards de leur siècle, en illustres rivaux,
Ont voulu par la fresque ennoblir leurs travaux.

Nous la voyons ici doctement revêtue
De tous les grands attraits qui surprennent la vue.
Jamais rien de pareil n'a paru dans ces lieux ;
Et la belle inconnue a frappé tous les yeux.
Elle a non-seulement, par ses grâces fertiles,
Charmé du grand Paris les connoisseurs habiles,
Et touché de la cour le beau monde savant ;
Ses miracles encore ont passé plus avant,
Et de nos courtisans les plus légers d'étude
Elle a pour quelque temps fixé l'inquiétude,
Arrêté leur esprit, attaché leurs regards,
Et fait descendre en eux quelque goût des beaux
                                           arts.

Mais ce qui plus que tout élève son mérite,
C'est de l'auguste roi l'éclatante visite :
Ce monarque, dont l'âme aux grandes qualités
Joint un goût délicat des savantes beautés

Qui, séparant le bon d'avec son apparence,
Décide sans erreur, et loue avec prudence,
Louis, le grand Louis, dont l'esprit souverain
Ne dit rien au hasard, et voit tout d'un œil sain,
A versé de sa bouche à ses grâces brillantes
De deux précieux mots les douceurs chatouillantes;
Et l'on sait qu'en deux mots ce roi judicieux
Fait des plus beaux travaux l'éloge glorieux.

 Colbert, dont le bon goût suit celui de son
           maître,
A senti même charme, et nous le fait paroître.
Ce vigoureux génie au travail si constant,
Dont la vaste prudence à tous emplois s'étend,
Qui du choix souverain tient, par son haut mérite,
Du commerce et des arts la suprême conduite,
A d'une noble idée enfanté le dessein
Qu'il confie aux talents de cette docte main,
Et dont il veut par elle attacher la richesse
Aux sacrés murs du temple où son cœur s'inté-
           resse (*).

La voilà cette main qui se met en chaleur;
Elle prend les pinceaux, trace, étend la couleur,
Empâte, adoucit, touche, et ne fait nulle pause.
Voilà qu'elle a fini, l'ouvrage aux yeux s'expose;
Et nous y découvrons, aux yeux des grands experts,

(*) Saint Eustache.

Trois miracles de l'art en trois tableaux divers.
Mais, parmi cent objets d'une beauté touchante,
Le Dieu porte au respect, et n'a rien qui n'enchante;
Rien en grâce, en douceur, en vive majesté,
Qui ne présente à l'œil une divinité;
Elle est toute en ces traits si brillants de noblesse;
La grandeur y paroît, l'équité, la sagesse,
La bonté, la puissance; enfin ces traits font voir
Ce que l'esprit de l'homme a peine à concevoir.

Poursuis, ô grand Colbert, à vouloir dans la France
Des arts que tu régis établir l'excellence,
Et donne à ce projet, et si grand et si beau,
Tous les riches moments d'un si docte pinceau.
Attache à des travaux dont l'éclat te renomme
Les restes précieux des jours de ce grand homme.
Tels hommes rarement se peuvent présenter ;
Et, quand le ciel les donne, il faut en profiter.
De ces mains, dont les temps ne sont guère prodigues,
Tu dois à l'univers les savantes fatigues;
C'est à ton ministère à les aller saisir
Pour les mettre aux emplois que tu peux leur choisir;
Et, pour ta propre gloire, il ne faut point attendre
Qu'elles viennent t'offrir ce que ton choix doit prendre.
Les grands hommes, Colbert, sont mauvais courtisans :

Peu faits à s'acquitter des devoirs complaisants,
A leurs réflexions tout entiers ils se donnent;
Et ce n'est que par-là qu'ils se perfectionnent.
L'étude et la visite ont leurs talens à part :
Qui se donne à la cour se dérobe à son art ;
Un esprit partagé rarement s'y consomme,
Et les emplois de feu demandent tout un homme.
Ils ne sauroient quitter les soins de leur métier
Pour aller chaque jour fatiguer ton portier,
Ni partout près de toi, par d'assidus hommages,
Mendier des prôneurs les éclatants suffrages :
Cet amour du travail, qui toujours règne en eux,
Rend à tous autres soins leur esprit paresseux ;
Et tu dois consentir à cette négligence
Qui de leurs beaux talents te nourrit l'excellence.
Souffre que, dans leur art s'avançant chaque jour,
Par leurs ouvrages seuls ils te fassent leur cour :
Leur mérite à tes yeux y peut assez paroître.
Consultes-en ton goût, il s'y connoît en maître,
Et te dira toujours, pour l'honneur de ton choix,
Sur qui tu dois verser l'éclat des grands emplois.
C'est ainsi que des arts la renaissante gloire
De tes illustres soins ornera la mémoire,
Et que ton nom, porté dans cent travaux pompeux,
Passera triomphant à nos derniers neveux.

FIN.

TABLE

DES PIÈCES

CONTENUES DANS CE VOLUME.

Pages.

Les Femmes savantes............. 1
Réflexions sur les Femmes savantes.. 100
La Comtesse d'Escarbagnas......... 111
Réflexions sur la Comtesse d'Escarbagnas..................... 149
Le Malade imaginaire............. 153
Réflexions sur le Malade imagnaire... 304
La Gloire du Val-de-Grace........ 315

FIN DE LA TABLE.

www.ingramcontent.com/pod-product-compliance
Lightning Source LLC
Chambersburg PA
CBHW060513170426
43199CB00011B/1428